'암행어사 출두요'

조선의 법이야기

본서는 기존의 "소송아, 게 물렀거라!"를 증보하여 출간한 것임을 밝혀 둡니다.

'암행어사 출두요'

조선의 법이야기

류 승 훈 지음

이담
Books

정조 18년(1794) 때의 일이다. 묘지 분쟁으로 옥(獄)에서 죽은 경기도 장단(長湍) 사람 권진성(權鎭星)의 처 송씨 부인이 원통해서 울부짖으며 진술한 사연은 다음과 같다.[1]

권진성이 자기 아비의 장례를 치르려 하였는데 같은 고을에 살고 있는 정순(鄭純)과 정식(鄭式) 등 정가 형제는 묏자리가 자기들의 선산과 가깝다는 이유로 무리를 모아 장례식을 방해하였다(후에 정식은 고을 원님의 자제를 가르치는 사람으로 밝혀졌다).

이에 권진성이 본관(本官: 제 고을의 원을 일컫는 말)에게 아뢰었더니 향색(鄕色: 고려 말 이후 조선시대에 지방자치 기관인 유향소에 두었던 계원)을 보내어 송사(訟事) 심리(審理) 결과 정가(鄭家)가 패소하였다고 전하면서도 즉시 판결해 주지 않았다. 그러자 권진성이 읍내에 남아 기다리면서 이미 정해 놓은 장례 날짜를 놓칠까 봐 두려워 서모(庶母)에서 나온 아우(庶弟)를 시켜 임시로 장례를 치르도록 하였다.

그런데 본관은 이를 두고 권진성이 관가의 판결을 기다리지 않고 멋대로 장례를 치렀다 하여 칼을 씌워 엄히 가두고는 이를 감영에 보고하였다.

감영에서는 한 차례 형장으로 정강이를 때리는 형벌을 명하였다.

---

1) 정조실록 40, 정조 18년 8월 26일(경진) [원전] 46집 498면.

이에 본관에서는 세모 몽둥이로 권진성을 서른아홉 대 때리는 것을 한 차례의 형장으로 삼았고, 이어 칼을 씌워 가두고는 시신을 파서 옮기겠다는 다짐을 하도록 하였다.

그런데 이처럼 형벌을 가할 때 세모 몽둥이로 때린 것만도 놀라운 것인데,[2] 한 차례 형벌을 서른아홉 대로 기준 삼은 것은 더구나 법 밖의 일이었다. 더더욱 그의 병든 상태를 알고서도 즉시 석방하지 아니한 것 등이 모두가 형벌을 함부로 하고 법을 어긴 것과 관련된 것이었다.

당시의 법률에는 수감되어 있는 죄수 중에서 병이 위독한 자가 있을 경우에는 월령의(月令醫: 전의감, 혜민서에 딸린 당번의사로서 최하급의 의원(醫員)을 일컬음)가 병의 증상을 직접 기록한 문서를 형조에 제출, 보고하여야 했다. 만약 병든 죄수가 가벼운 죄를 지었을 경우에는 보석(保釋)에 의해 석방하도록 하고, 중죄인일 경우에는 내부에서 약물로써 치료하도록 하였다.[3]

이후 권진성은 곤장 등의 매를 맞아 생긴 독이 온몸에 퍼져 거의 죽을 지경에 이르렀다. 일흔 살 노모와 아흔 살 조모가 관을 찾아가

---

2) 흠휼전칙(欽恤典則)은 정조 2년에 제정된 각종 형벌도구의 규격과 용법을 정한 법전으로 세모 몽둥이를 사용한 것은 그 내용에 반하는 것임.

3) 六典條例 刑典 直守衙門 및 典律通報 囚禁條: 사망한 경우에는 서울에 문의토록 하고 서울에서는 담당 관원이 직접 살피어 검험한 뒤 당해 부(府)에 내주도록 하였다.

석방하여 구제해 줄 것을 애걸했으나 관에서는 이를 들어주지 아니하였다. 뒤늦게야 옥졸(獄卒)이 이 사실을 고하여 비로소 풀려나긴 했으나 곧 죽고 말았다.

이에 권진성의 부인 송씨가 너무도 억울하고 기가 막혀 시어미와 함께 대궐 밖에 와서 이를 고하기 위해 엎드렸는데, 본관은 또 10여 명의 하인을 보내어 무수하게 이들을 구박하기에 이르렀다.

이러한 사실이 임금에게 알려지게 되었고, 경기 관찰사 서용보(徐龍輔)가 이를 조사하여 임금에게 아뢰었다.

"권진성이 제 마음대로 장례를 치른 것이 반드시 죽여야 할 죄는 아닙니다. 옥(獄)을 돌보는 것은 응당 행해야 할 일과 관계되는데, 병세도 돌보지 않고 호소도 돌보지 않다가 닷새씩이나 앓게 한 뒤에야 석방을 허락하여 이내 죽게 한 것은 정리로 보아 매우 절통하고 참담합니다."

이에 대해 정조 임금은 다음과 같이 전교(傳敎)하였다.

"대체로 송사를 담당한 관리가 감영의 지시에 의거하여 한 차례 신문하고 추고하는 것은 원래 항상 있는 일이다. 설령 우연히 죽었다고 해서 이것으로 송사를 담당한 관리에게 죄를 더한다면 지금과 같은 완악하고 야박한 풍습에서 그 누가 송사를 담당하는 관리가 되려고 하겠는가. 그러나 본 사건은 이와 반대되는 점이 있다.

권진성의 송사에 대한 처리는 죽여야 하거나 용서할 수 없는 죄가 아니었다. 곤장이 모질었든 헐했든 법을 어겼든 안 어겼든 우선 이 것은 일단 접어두고, 또 옥중에서 전염병을 만났든 장독(杖毒)이든 하는 것도 막론하고, 무더운 절기에 죄수를 가둬 두고 한 달 이상 있게 한 것은 도대체 무슨 의도에서였는가.

권가의 노모가 죽을 듯이 헐떡거리며 기어 와서 애걸하는 형상을 보고서도 들어주지 않았을뿐더러 보석하는 것도 즉시 시행하지 않았다. 거의 죽게 되었다는 소리를 듣고서야 비로소 그 집의 보증을 받고 내줄 것을 허락해서 끝내 며칠이 지나 죽게 만든 것은 또 무슨 생각에서였는가. 사람의 목숨이 얼마나 중하며, 형옥은 얼마나 신중히 해야 하는 것인가. 그런데 일을 처리한 행동을 따져서 한마디로 말하자면 매우 어질지 못한 처사였다.

하물며 진성의 죽음이 비록 마음먹고 일부러 죽인 것과는 차이가 있더라도 죽게 하고야 말았으니, 송사를 담당한 관리가 어떻게 감히 죄를 면할 수 있겠는가. 또 비록 죽게 한 것은 아니더라도 그 정경을 듣고 그 정상을 보면서도 형벌을 가하고 또 가두기까지 하였다. 그리하여 그 일로 인하여 그런 결과에까지 이르게 하고 말았으니, 어질지 못한 것이 마음먹고 일부러 죽인 것보다도 심하고 죽게 한 것보다도 더욱 심하다.

만일 이러한 송사를 담당한 관리가 요행히 죄를 받아야 할 법률을 벗어난다면 외로운 백성들이 모두 하늘에 호소해도 어쩔 수 없는 원망을 품을 것이며 죽은 이의 맺힌 원한도 어떻게 풀 수가 없게 될 것이다.

장단 전 부사 서○○를 즉시 해부(該府: 해당 부)로 하여금 잡아 가두고 엄하게 심문하게 하라.”

조선시대에는 임금과 신하를 가리지 않고 지위 고하를 막론하고 원통하고 억울함을 없애기 위해 실체적 진실을 밝히기 위한 공정한 재판을 실천하기 위해 노력하였다. 아울러 형벌권이 남용되는 것을 경계하였고, 죄를 지은 자라 할지라도 최대한 인권을 존중해 주려는 노력이 행하여지고 있었음을 확인할 수 있다.

오늘날에는 법관이 오판을 하였거나 진정과 거짓을 잘못 판단하여 재판하였다면 과연 해당 법관에게 그 공적인 책임을 물을 수 있을까. 또한 제도적으로 기본적 인권을 보장함에 있어 소홀한 점은 없는지 다시금 되짚어보아야 한다. 법조비리 문제로 한바탕 소동을 치르고 있는 즈음, 법조비리의 근절이 그토록 어려운 것일까. 우리 조상들의 공정한 재판을 추구하기 위한 끊임없는 노력과 삶의 지혜로부터 법조비리 해결의 실마리를 찾을 수 있지는 않을지.

본서는 또한 우리 조상들의 소송제도에 대해 가졌던 부정적 법의식의 단면을 소개하고 현대에서는 이를 거울로 삼아 분쟁 발생 시 현명한 선택을 하도록 도와주고자 함에 그 취지가 있다. 현대생활은 분쟁의 홍수라 할 만큼 엄청난 분쟁에 휩싸여 있다. 그런데 분쟁이 소송으로 화할 경우에는 과거 '소송은 패가망신'이라 여겼던 우리 조상들의 인식과 "재판 3년이면 기둥뿌리 빠진다."는 오늘날의 자조가 그대로 맞아떨어지게 된다.

과연 이러한 상황을 극복하기 위해 우리는 조상들의 삶의 지혜로부터 어떠한 노하우를 취할 수 있을 것인가. 조상들로부터 배우는 삶의 지혜는 결국 진정한 분쟁해결의 올바른 방향성이 무엇인지를 분명히 제시하고 있다.

 **제3부** 역사의 거울에 비춰 본 명판결·명재판관
그리고 잔인했던 죗값 치르기

제1부

조선시대 소송제도를 통해서 본
우리 조상들의 법의식 내지 법감정

제 1. "아산(牙山)이 깨어지나, 평택(平澤)이 무너지나!"

"피를 토하는 원통함을 면하도록 해 주소서!"

"갑과 을이 서로 다툴 때 둘 다 옳다고도 하고 둘 다 그르다고도 하며, 때로 갑은 하나가 그르고 을은 셋이 그른데도 이를 구별하지 않고 똑같이 그르다고 합니다."

조선시대에는 개인의 인격을 기초로 하는 덕치주의를 기반으로 하였기에 재판에 있어서도 객관적인 기준인 법률에 의존하기보다는 재판을 하는 자의 구체적인 타당성의 인식에 중점을 두게 되어 점차 인치주의(人治主義)로 흐르게 되었다. 그 결과 재판 절차가 법으로 규정되어 있기는 했으나 그것이 충실하게 지켜지지는 못했으며, 권세와 금력에 의해 재판결과가 좌지우지되는 경우가 많았다.[4]

그렇다면 당시에는 소송제도의 존재의의를 어디에 두었을까? 조선시대의 소송제도는 분쟁에서 이기고 지느냐가 관점이 아니라 절차의 진행을 통해 자신의 억울함이 풀렸는가 하는 데에 그 초점이 맞추어져 있었던 것으로 보인다. 이는 원고의 소지(所持: 현재의 소장)에서 잘

---

4) 서원우, 한국법의 이해, 서울: 두성사, 1996, 7쪽.

드러나고 있다. 소지의 첫머리에는, 소를 제기하는 이유를 구체적으로 열거하기에 앞서, '지극히 원통한 일은', '분하고 원통한 일은'에서 시작하여, 말미에는 "소리 높여 바라옵니다", "불쌍한 백성이 억울한 일이 없도록 바랍니다", "천리에 방황하는 일이 없도록 바랍니다", "피를 토하는 원통함을 면하도록 해 주소서."로 끝을 맺고 있다. 즉 소송에서 시시비비의 가림 그 자체를 지향하는 것이 아니라 이를 통해 억울함을 푸는 것을 이상(理想)으로 여겼던 것이다.5)

또한 소송이 일단 관청에 제기되면 이미 그때부터는 관련 당사자 간의 인간관계가 파탄된 것으로 보아야 했다. 일반 백성들의 입장에서는 법 및 그 연장으로서의 소송 자체가 꺼려지는 대상이었고, 그와 연루된 당사자들은 서로 원수가 되었다. 따라서 사람을 지칭하는 경우에도 지체가 서로 비슷하거나 낮을 경우에는 성이나 이름 밑에 '漢(놈)' 자를 붙여 '아무개란 놈이'와 같이 표현하며 서로 상대방의 약점 내지 흠을 들추었는데, 본인뿐 아니라 그 조상, 가문에 이르기까지 헐뜯는 것이 예사였다.

다음의 소지 내용이 이를 잘 확인해 주고 있다.

> "제가 지극히 원통한 일은…… 김○○란 놈이 본래 간사하고 멋대로 처신하는 자이며…… 저의 조부가 늙고 병들어 있음을 업신여기고 또한 제가 나이 어리고 외로운 것을 깔보고…… 하였으니 (중략)…… 하여 주심으로써 이 힘없는 불쌍한 백성이 마음 편히 살아갈 수 있도록 해 주소서."와 같은 투이다.

이렇듯 극단적인 관계로까지 치닫게 된 또 다른 원인으로서 당사자와 관사(官司: 관아. 벼슬아치들이 모여 나랏일을 처리하던 곳) 사이에 이러한

---

5) 임상혁, 조선전기 민사소송과 소송이론의 전개, 서울대 대학원 박사학위논문, 2000, 160쪽.

다툼을 중재할 수 있는 적절한 제도나 관습이 없었음을 들 수 있다. 이로 인해 결국 분쟁이 극단적인 파탄관계로까지 이어졌을 것으로 보인다.

분쟁의 당사자는 송사가 패가망신이라는 것을 알면서도 "아산(牙山)이 깨어지나, 평택(平澤)이 무너지나", "백두산(白頭山)이 무너지나, 동해수(東海水) 메워지나" 하며 한번 끝까지 해보자 할 정도로 벼르곤 하였다. 겉으로 드러난 이러한 현상, 즉 거의 모든 권리분쟁이 소송으로 제기되는 외관만을 보고 구한말 개화기에 우리나라에 들어왔던 일본인 재판보좌관들이 "한국인은 권리의식이 매우 높다." 라고 평가하였다는 웃지 못할 이야기도 전해지고 있다.6)

그렇다면 조선시대에 왕이나 관료들은 송사(訟事)를 어떠한 시각에서 보았고 이를 어떻게 인식하였을까! 당시의 기록을 통해 송사에 대한 의식과 그에 대한 부작용이 어떠하였는지 살펴보기로 하자.

먼저 송사에 대한 당시의 인식은 다음의 내용을 통해 잘 확인해 볼 수 있다.

이조참의(吏曹參議: 이조에 속한 정3품의 당상관) 조명교가 상소하기를,

> "신이 역괘(易卦: 길흉(吉凶)의 상(象))를 가지고 말씀드리겠나이다. 지금의 당론은 곧 주역(周易)의 송사입니다. 송사(訟事)라는 것은 아름다운 일이 아닙니다. 그래서 두려워하는 가운데 분수를 지켜 송사를 끝까지 하지 않는 것이 길(吉)하다고 하였습니다. 또한 엉큼하고 불량하게 일을 행하여 겉을 꾸미고 힘이 있음을 믿고 이기기를 요구하면 흉(凶)하다고 하였습니다. 이는 사람들에게 송사하는 일이 없도록 힘쓰고 노력하게 하기 위해 이와 같이 한 것입니다.

6) 박병호, 한국의 전통사회와 법. 서울: 서울대학교 출판부, 1985, 253쪽.

신이 지금 가당치도 않은 것을 주장하는 것이 아닙니다. 마음이 굳세어 송사하기를 좋아하는 사람은 번번이 화를 당하는 경우가 많지만, 마음이 온유하여 송사하기를 즐겨 하지 않는 사람은 그 때문에 재앙이 있은 적이 없다는 성인의 말씀이 참으로 옳습니다. 만일 송사가 없게 하기를 문왕(文王)이 우(虞), 예(芮)의 임금을 감동시킨 것처럼 한다면 이는 진실로 최상일 것입니다. 그러나 지금은 그렇지 않아서 갑과 을이 서로 다툴 때 둘 다 옳다고도 하고 둘 다 그르다고도 하며, 때론 갑은 하나가 그르고 을은 셋이 그른데도 이를 구별하지 않고 똑같이 그르다고 합니다. 전후가 똑같은 송사인데도 불구하고 사리의 옳고 그름에 있어 누차 결정이 되어도 확정짓지 못하기 때문에 승자는 기뻐하지 않고 패자도 겸손하게 이를 받아들이지 않습니다."

<영조 16년(1739)>[7]

시기적으로 차이가 있을 수는 있으나 이러한 관리들의 상소에 비추어 볼 때 송사에 대해서 커다란 문제의식을 가졌음은 분명하다. 특히 "송사라는 것은 아름다운 일이 아니며 그래서 두려워하는 가운데 분수를 지켜 송사를 끝까지 하지 않는 것이 길(吉)하다고 했고, 음험한 일을 행하여 표면을 꾸미고 강건함을 믿고 이기기를 요구하면 흉(凶)하다고 했다."는 대목은 시사하는 바가 매우 크다. 또한 "마음이 굳세어 송사하기를 좋아하는 사람은 번번이 화를 당하는 경우가 많지만, 유하여 송사하기를 즐겨 하지 않는 사람은 그 때문에 재앙이 있은 적이 없으니."라는 내용 역시 송사가 개인적으로나 사회적으로 바람직하지 않음을 잘 표현하고 있다.

송사로 인한 부작용은 어떠한 모습으로 비추어졌을까. 기록을 통해 송사의 부작용이 어떠하였는지를 살펴보자.

호조(戶曹)의 급전사(給田司: 조선 초기에 벼슬아치나 관아에 땅을 나누어 주는 일을 맡은 호조에 딸린 관아)에서,

---

7) 영조실록 52, 영조 16년 8월 5일(계묘) [원전] 42집 677.

"고려 왕조의 말기에 기강이 문란하여 전제(田制)가 먼저 무너지니, 권세가 있는 자가 다른 사람의 토지를 빼앗아 합치고, 부자와 형제간에 서로 송사 (訟事)하여 국가와 백성이 모두 어려운 처지에 놓이게 되었습니다."라고 아뢰었다<태조 7년(1398)>.8)

임금이 정원(政院: 承政院을 일컬음. 임금의 명을 전하고 임금께 아뢰는 일을 맡던 관아)에 이르기를,

"요사이 인심과 풍속이 야박하고 악독해져 혈육(骨肉) 간과 친척(親戚) 간에도 원수처럼 반목하게 된 것은 반드시 송사하기를 좋아하여 그렇게 된 것인데, 근본이 순박(淳朴)하고 후(厚)해진 다음에야 풍속이 따라서 고쳐지는 것이다. (중략) 만일에 감히 송사를 하는 자가 있다면, 이를 이치에 맞지 않은데도 송사하기 좋아하는 죄로 논한다면, 특히 송사를 심리하는 일만 덜리는 것이 아니라 민간의 풍습을 순박하고 후하게 할 수 있을 것이니, 또한 좋지 않겠는가!"<중종 21년(1526)>9)

간원(諫院/司諫院: 삼사(三司)의 하나로서 왕에게 간(諫)하는 역할을 함)에서 아뢰기를,

"힘이 있는 자는 오로지 남의 농민을 빼앗는 것을 일로 삼고 있습니다. 때론 이치에 맞지 않은데도 송사를 일으키기도 하고 혹 문서를 위조하는 등 갖가지 술책을 다 부려 못 하는 짓이 없습니다. 그 가운데 심한 자는 허위의 사실을 날조하여 죽을 곳에 빠뜨리기도 하고 혹 관리를 위협하여 헛말을 조작하기도 합니다. 그 때문에, 빼앗긴 자들은 죽음을 면한 것만을 다행으로 여기고 관리들은 일을 늦추어 세월 끄는 것만을 좋은 계책으로 삼아 그 도가 지나침에도 전혀 부끄러워할 줄을 모릅니다."<명종 7년(1551)>10)

---

8) 태조실록 11, 태조 7년 7월 26일(기해) [원전] 1집 130.
9) 중종실록 56, 중종 21년 3월 14일(정유) [원전] 16집 503.
10) 명종실록 13, 명종 7년 5월 7일(무자) [원전] 20집 85.

헌부(憲府/司憲府)에서 상소하기를,

"형조와 장예원에서 삼촌과 조카 간의 송사(訟事)를 심리하여 판결하였습니다. 이를 그대로 두고서는 풍교(風敎: 교육이나 정치의 힘으로 백성을 착하게 가르침)를 바로잡을 수 없으니, 청컨대 해당 관리와 관청을 함께 엄히 심문하소서." 하니, 임금이 그대로 따랐다<숙종 7년(1680)>.[11]

대사간(大司諫: 정3품의 사간원의 으뜸벼슬) 이기양이 아뢰기를,

"형옥(刑獄) 중에 큰 것은 무엇보다도 살옥(殺獄: 살인사건에 대한 옥사)이지만 기타 모든 송사가 사실 다 민생의 고통과 즐거움에 관련되어 있습니다. 따라서 신중을 기해 결정하지 않으면 안 될 것인데 근자에 형조와 서울의 장관들이 자주 바뀌어 서리배의 농간에 좌지우지되므로 뇌물이 공공연하게 행하여져 사리(事理)의 옳고 그름이 밝혀지지 않습니다. 또한 밖으로는 세력이 큰 감사와 추잡한 수령들이 송사의 심리를 전혀 하지 않거나 혹은 자신의 그때그때의 감정에 따라 판결하므로 사리가 바른 자는 억울해도 풀지 못하고 힘이 강하고 교활한 자는 제멋대로 설쳐 거리낌이 없습니다. 그리하여 원성이 사방에서 터져 나와 서울과 지방이 다 마찬가지입니다. 이러고서도 백성들이 어찌 원통함이 없겠습니까!"<정조 24년(1799)>[12]

기록 중에 나타난 송사의 부작용을 예시하는 것으로, 인심과 풍속이 야박하고 악독해져 혈육(骨肉) 간과 친척(親戚) 간에도 원수처럼 반목하게 된 이유를 송사하기 좋아하여 그렇게 된 것으로 보았다. 또한 세력이 있는 자가 오로지 남의 토지를 빼앗는 것으로 일을 삼고 있고 때론 이치에 맞지 않은 송사를 일으키기도 하고 혹 문서를 위조하는 등 갖가지 술책을 다 부려 못 하는 짓이 없다는 지적, 그

---

11) 숙종실록 14, 숙종 7년 3월 18일 [원전] 38집 524: 이에 의해 삼촌 숙질간에 송사를 판결하는 한 풍교를 바로잡을 수 없다고 하여 이러한 재판을 담당한 관여자를 처벌하였다.

12) 정조실록 54, 정조 24년 5월 2일(계미) [원전] 47집 270.

리고 그 가운데 심한 자는 허위의 사실을 날조하여 죽을 곳에 빠뜨리기도 하고 혹 관리를 위협하여 헛말을 조작하기도 하였다는 내용은 실로 송사의 부작용이 어떠한지를 단적으로 잘 보여 주고 있다.

아울러 빼앗긴 자들은 죽음을 면한 것만을 다행으로 여기고 관리들은 일을 늦추어 세월 끄는 것만을 좋은 계책으로 삼아 날로 심각하게 하면서도 전혀 부끄러워할 줄 모른다는 내용에서는 송사의 부작용이 송사를 일삼는 자뿐 아니라 관리들에게도 그 책임이 있음을 경고하고 그에 대한 나름의 해결책을 적극적으로 강구하여야 함을 촉구하고 있다.

도리(道理)나 이치(理致)에 어긋난 재판을 좋아한다는 의미로서 비리호송(非理好訟)이란 단어가 자주 등장하는데, 그에 대한 엄중한 대처는 다음의 당시 기록을 통해 확인해 볼 수 있다.

사간원(司諫院)에서,

> "감히 도리에 맞지 않는 것으로 송사한 자는 불목(不睦: 집안끼리 또는 형제끼리 서로 사이가 좋지 아니함)의 죄로 처벌하여 풍속을 두텁게 하소서."라고 상소하였다. 임금이 이를 보고 정부(議政府)에 명하기를, "친척끼리 서로 다투는 경우는 의논하여 보고하도록 하는 것이 좋겠다."고 하니, 의정부에서 아뢰기를 "심히 이치에 합당합니다."며 이를 그대로 따랐다<태종 12년(1403)>.[13]

임금이 형조(刑曹)가 아뢴 전가입거죄조(全家入居罪條: 집안 모두를 평안북도 또는 함경북도 등의 변경으로 옮겨 살게 함)[14]를 명하였는데,

---

13) 태종실록 24, 태종 12년 12월 6일(정사) [원전] 1집 657.

14) 입거죄조(入居罪條) 중에는 위조한 문기를 가지고 송사한 자는 조상이 한 것일지라도 온 가족을 입거시키며, 문기를 위조하여 간사한 것이 드러난 자 그리고 비리로 송사하기를 좋아하

"도리에 맞지 않는 이유로 송사(訟事)하기를 좋아하는 자도 변방으로 이주 케 함이 마땅하다."고 하였다<중종 19년(1524)>.[15]

임금이 정원(政院)에 이르기를,

"대체로 요즈음 도리에 맞지 않은 것으로 송사하기를 좋아하는 자가 매우 많아져서 옥송을 번거롭게 하고 있다. 증거가 뚜렷한데도 이같이 소송하기 를 좋아하는 자가 있으면 법사나 형조에서는 특별히 그 죄를 다스려야 한 다."<중종 31년(1536)>[16]

경연(經筵: 왕에게 유학의 경서를 강론함)에서 동지사(同知事: 종2품의 관직) 유득일이,

"도리에 맞지 않은 송사를 좋아하고 재판관을 모함하고 또한 거짓 호소하는 부류에 대해서는 죄를 뉘우치게 한 뒤에 율문(律文: 형률의 조문)을 자세히 참고하여 죄가 있는 것으로 판정하여 그러한 습관이 반복되지 않도록 나무 람으로써 온 나라 백성들이 이를 본받게 하소서."라고 하니, 임금이 이를 그 대로 따랐다<숙종 30년(1703)>.[17]

이와 같이 도리나 이치에 맞지 않는 소송을 하기 좋아하여 이를 사사로이 남용하는 자에 대한 당시의 왕과 관리들의 인식 및 그에 대한 엄중한 처벌은[18] 오늘날의 소송화 경향 내지 소송만능주의에

는 자가 이에 해당되었다.
15) 중종실록 51, 중종 19년 7월 27일(경인) [원전] 16집 325.
16) 중종실록 82, 중종 31년 7월 14일(정묘) [원전] 17집 669.
17) 숙종실록 39, 숙종 30년 3월 9일(무신) [원전] 40집 74.
18) 숙종 때 사람 한위겸은 본래 중인 신분으로서 잡직(雜職: 사무를 담당하지 않고 잡무에만 종 사하던 관직)을 지낸 자였다. 그런데 한위겸은 의금부(義禁府)가 왕에게 올린 상소에 의해 각 별히 엄하게 다루어지도록 명하여졌는데, 그 이유는 한위겸이 도리에 맞지 않는 이유로 송사 하기를 좋아하여 이를 업으로 삼았기 때문이었다.

대한 값진 충고가 될 것이다.

이러한 역사기록 속에 담겨 있는 당시의 소송과 그 부작용에 대한 인식은 현재 우리의 모습과 그리 다르지 않아 보인다. 일반 백성들의 법의식 내지 법감정은 성리학 등의 영향으로 이론적, 논리적으로 따지는 것에 익숙했던 당시의 사회문화적 환경으로부터 많은 영향을 받았다. 아울러 어느 경우에서도 양보하거나 물러서는 것을 패배로 인정하는 정서가 저변에 깔려 있었다. 이러한 것들이 현재에까지 그 영향을 미쳐 무모한 소의 제기와, 양보나 타협에 의해 중도에 소송을 끝내기보다는 끝까지 해보자는 식의 극단에 이르게 한 근본 이유가 아니었을까.

우리 조상들의 삶의 지혜가
현대인에게 주는 분쟁 극복을 위한 메시지는!

오늘날 우리 사회는 소송사회를 지향하는 성향이 강하다. 이러한 소송사회화의 문제점은 무엇일까? 그 문제점은 아마도 대화와 타협에 의한 분쟁해결의 퇴보와 아울러 인간관계와 신뢰관계의 파탄이라는 모습으로 우리에게 다가설 것이다. 결국 소송사회화, 소송만능화는 시민사회의 덕목이라 할 수 있는 책임성, 자율성 그리고 사람들 간의 신뢰관계를 해소하는 해체화를 가속시킬 것이다.

그렇다면 과연 우리 조상들 삶의 지혜를 통해 이러한 소송만능주의를 탈피하고 분쟁을 극복할 수 있는 현재의 우리 자신이 되새겨야 할 진정한 메시지는 무엇일까. 이는 아마도 분쟁해결에 임하는 우리들의 마음가짐 내지 자세와 무관하지 않을 것이다.

■ 우리 조상들의 전통적 법의식에서 살펴본 부동산 소유권을 위한 등기를 소홀히 하게 된 이유 ■

사실상(事實上)의 소유권(所有權)을 중시하는 특유의 소유권 존중의식(尊重意識)이 나름의 규범력(規範力)을 발휘

오늘날 토지나 건물 등 부동산을 매매한 경우 등기를 하는 것은 상식이 된 지 오래이다. 그러나 이러한 것이 도시에서는 일상화되었는지 몰라도 농촌 등 시골의 나이 많은 분들의 경우에는 익숙지 않은 제도이다. 그렇다면 이같이 등기제도를 소홀히 여기며 때론 무시하게 된 이유는 어디에서 비롯한 것일까!

우리의 전통적인 법의식을 들여다보면 그 이유가 나름대로 짐작이 간다. 농촌의 경우에는 하나의 전통으로서 사실상(事實上)의 지배권을 중시하여 왔다. 즉 사실적인 지배관계를 중시하는 특유의 소유권 의식이 나름의 규범력(規範力)을 발휘하였던 것이다.

경국대전 이후 논밭과 가옥을 매매한 경우 계약체결일로부터 100일 이내에 소관 관서에서 매매에 대한 공증인 입안(立案)을 받는 것이 원칙화되었다. 그런데 문제는 이러한 입안을 받기 위한 절차가 당시의 상황에 비추어 볼 때 여러 가지로 번잡하였다는 점이다. 즉 매도인(賣渡人), 매수인(買受人), 증인(證人), 필집(筆執) 등 최소 4명이 동시에 관사(官司)에 출두하여야 했는데, 당시의 교통 환경에 비추어 볼 때 하루에 도보로 먼 거리에 있는 관사에 함께 가는 일이 쉬운 일은 아니었으리라. 더구나 매도인 외에는 선뜻 나서는 자도 거의 없었을 것이다.

또한 입안(立案)을 받으려면 법률로 정해진 수수료를(작지: 作紙) 납부하여야 했는데, 농지나 가옥의 면적에 따른 일정액의 백지(白紙)나 쌀을 지불하여야 했다. 그런데 이러한 수수료의 부담이 과중할 뿐만 아니라 관(官)에서도 규정을 벗어나 마구 징수하는 경우가 많이 발생하였다.

이러한 이유로 인해 입안(立案)제도는 잘 이용되지 않게 되었고 조선 중기와 후기에 들어 내우외환(內憂外患)이 자주 발생함으로 인해 더욱 꺼려지게 되었다. 결국 조선 후기에는 특히 필요한 경우이거나 경제적으로 여유 있는 자만이 입안을 받게 되었다.

이러한 전통적 의식이 이어져 내려와 불과 얼마 전까지도 부동산을 등기함에 있어 무관심 내지는 꺼리도록 만들게 한 잔재(殘在)로 남아 있었던 것은 아니었을까.

제2. 소송아, 게 물렀거라!

"거듭 시 상언(上言)케 한 것은 경외(京外) 국민의 억울한 일이 해결되지 않음이 있을까 염려해서인데 근래 국체(國體)가 높지 못하고 사람들이 요행(僥倖)을 바라서 감사, 현감이 처결할 수 있는 일도 상언(上言)하여 번거롭게 하니……."

소 송제도 이외에 억울함을 토로할 수 있는 다른 제도는 없었을까! 조선시대에 이와 관련한 대표적인 제도로 신문고(申聞鼓)제도, 상언(上言), 그리고 격쟁(擊錚)을 들 수 있다. 신문고(申聞鼓)제도는 본시 고할 데가 없는 백성으로 원통하고 억울한 일을 당한 자로 하여금 북, 즉 등문고(登聞鼓)를 치도록 한 것인데, 이 등문고를 후에 신문고(申聞鼓)라 고쳐 부르게 한 것이다. 그런데 이 신문고제도는 처음에 의도한 바와 달리 사소한 일에도 이를 이용하는 자가 생겨 그 의미가 퇴색되었다. 결국 세조 3년(1457)에 신문고를 함부로 치는 자는 먼저 율문에 따라 조사하라는 명에 의해 그 이용이 줄어들게 되었고 이후 유명무실해졌다.[19]

---

19) 명종 15년(1560)에 폐지케 되나 이후 설치와 반복을 거듭하게 된다.

신문고를 쳐 억울함을 호소하다

또한 일반 백성이 단시일 내에 자신의 문제를 해결하거나 억울한 피해를 보상받기 위한 방법으로 택했던 것이 바로 격쟁(擊錚)과 상언(上言)이다. 이는 임금이 행차할 때 임금의 어가(御駕: 임금이 타는 수레) 앞에서 억울함을 호소하는 것으로 직접 임금의 귀에 들어가게 되므로 그 해결이 신속할 수밖에 없었다. 격쟁(擊錚)은 백성들이 궁궐에 직접 들어가거나 왕이 행차할 때를 포착하여 징이나 꽹과리 또는 북을 쳐서 이목을 집중시킨 다음 억울한 사연을 왕에게 호소하는 것이었다. 글로 작성할 필요가 없어 먼 시골 아이도 아비를 위해 격쟁하는 등 나이제한이나 신분에 관계없이 각계각층에서 애용되었으나, 주로 양인이나 천인이 이용하였다. 임금이 행차할 때 격쟁을 하려는 사람들이 갈수록 늘어나면서 근처에서 이를 구경하려는 백성들이 많이 모여들기도 하였다.[20] 격쟁의 주된 내용은 민생 관련 사항, 부정부패 신고, 부당한 처벌에 대한 항의 그리고 묏자리 관련 다툼에 관한 순으로 많았다.

상언(上言)은 백성이 왕에게 올리는 진정서인데, 문서를 이용하여 하는 것이었기에 주로 양반층에 의해 이용되었다. 그 주된 내용으로는 조상의 공력인정 및 가계계승 관련 사항, 민생 관련 사항과 부정부패 신고,[21] 부당한 처벌에 대한 항의, 묏자리 관련 송사 등을 들 수 있다.

이러한 조선시대의 격쟁 및 상언은 국왕의 은전(恩典) 하에 백성의 억울한 사정을 해결해 주는 소원제도(訴冤制度)로서의 역할을 해내고 있었지만 정식의 소송절차를 대신하게 된 점이 바로 문제가

---

20) 秋官志 考律部 定制 擊錚上言.
21) 사회, 경제문제에 대한 불만이 늘어나게 되면서 조세 수탈, 상공업이윤 수탈, 토지 수탈, 양인의 강제적 노비화, 과중한 세금부과 및 형벌권 남용에 대한 것이 이에 해당한다.

되었다. 즉 사소한 일이나 한 가지 일을 가지고 수차례 상언하기도 하였고 격쟁, 상언을 동시에 하거나, 허위로 상언을 꾸미기도 하였다. 때론 혈서로 상언을 쓰는 등 과격한 양상을 띠기도 하였다.

실례로 서부 사람 김조이가 양반 정도형과의 가옥매매대금(家屋賣買代金)의 문제로 인해 한성부에 잡혀 있던 남편 이정수를 위해 격쟁하였다. 그러나 정도형이 이미 소송을 제기한 상태였고 아직 판결이 나지도 않은 상태에서 격쟁하였다고 하여 외월지죄(猥越之罪: 외람되게 절차를 뛰어넘은 죄)가 적용되어 처벌을 받았다.[22]

또한 경기도 양근 사람 이광홍은 자신이 인제에서 매입한 나무 600여 주를 총융청(摠戎廳: 5군영 가운데 경기지역의 군무를 맡아보던 군영)의 장교(將校) 변광택과 서리(胥吏) 신세철이 빼앗자 법사(法司: 형조와 한성부를 아울러 이르던 말)에 여러 차례 소를 제기하여 승소하였다. 그러나 좀 더 받아낼 요량으로 다시 격쟁하였던 것이었다. 이것이 문제가 되어 조정에서는 이광홍의 처벌과 관련하여 논의가 진행되었는데 이광홍의 나이가 당시 80이 넘었다 하여 죄를 묻지 않기로 하였다. 그러나 이러한 일로 격쟁한 것이 당시에는 위법한 것이었다.[23]

상언을 허위로 꾸며서 하는 경우도 있었다. 당상관이던 이사종이란 자는 처남인 신광은 등과 서로 합의하여 노비를 각각의 몫으로 나누었다. 그리고는 각각 자기의 서명을 한 다음 장예원(掌隸院)에 보내 입안(立案: 증명문서)을 지급받았다. 그런데 다시 다른 꾀를 내어 노비의 소유권과 관련한 상언을 하였던 것이다. 문제는 그 자신이 아내의 상언을 거짓으로 꾸며 그 책임을 송관(訟官)의 탓으로 돌리려 하였을 뿐 아니라 나중에 밝혀진 바로는 상언을 그가 직접 승정

---

22) 承政院日記 1503, 정조 6년 2월 5일, 82권 7.
23) 承政院日記 1505, 정조 6년 3월 2일, 82권 71.

원에 올렸다는 것이었다<중종 30년(1535)>.[24]

이러한 상언, 격쟁은 애초에 소송과 성격이 다른 것이었으나 점차이 역시 소송과 마찬가지의 효과를 거두게 되었다. 그런데 당시에 격쟁과 상언이 빈번하게 된 원인과 관련하여 몇 가지의 주장이 제기된다. 먼저 이러한 격쟁, 상언의 증가는 청송(聽訟)의 효과를 보지 못함으로 인해 발생하는 것이라 보았다. 즉 재판관이 심리를 잘하여 백성이 억울한 일이 없게 되면 어가(御駕) 앞에서의 격쟁, 상언은 줄일 수 있음에도 소송이 공정치 못함으로 인해 이 같은 일이 발생하는 것이라는 지적이다. 정조 때 영의정을 지낸 서명선은 그 문제점을 다음과 같이 지적하고 있다.

"근래 임금의 거둥 시 상언, 격쟁이 극히 어지러우니 백성들의 그 지나침이 실로 말이 아닙니다. 그래서 지난번 경연에서 이를 금할 것을 청했으나 임금께서 백성들의 뜻이 전달되지 않을 수 있음을 염려하시고 금하지 않으셔서 신도 감히 다시 아뢰지를 못하였습니다. 국조보감(國朝寶鑑)에서 성종조의 명하심을 보면 '어가 앞에서의 고소가 증가하는 것은 관리가 송사를 듣고 판단함에 잘못이 있기 때문이다. 관을 설치하여 그에게 임무를 맡긴 뜻이 어디에 있는가! 모든 관사(官司)에 단단히 타일러 삼가게 하라. 송사를 처리함에 있어서는 이익이나 욕심에 끌리지 말고 위세에 두려워하지 말아서 백성의 억울함이 없게 하라.'고 하였습니다. (중략) 이러한 뜻을 전국의 수령들에게 단단히 타일러 삼가게 함으로써 거룩한 뜻을 알리시고 태만함이 없도록 하십시오."[25]

또 다른 주장은 그 원인을 청송사무(聽訟事務)의 적체(積滯)에 두었다.

---

24) 중종실록 80, 중종 30년 12월 21일(정미) [원전] 17집 626.
25) 承政院日記 1506, 정조 6년 3월 24일, 82권 114.

"백성의 안위는 옥송(獄訟)의 공정함 또는 불공정함에 관계된 것이니 자세히 살피고 심판하여야 한다. 근래 격쟁(擊錚), 호원(呼冤: 원통함을 하소연 함)이 분분한 것은 필시 방백(方伯: 관찰사)이나 수령이 개인적인 뜻에 이끌려 그리된 것이다. 그릇됨을 알면서도 잘못 판결함이 이에 이르렀으니 백성들이 어찌 고통스럽지 않겠는가!"26)

그 밖에 또 다른 원인으로서 상언(上言)에 의할 경우 그 목적을 이루기가 보다 수월하였다는 점을 들고 있다. 이는 궐(闕) 안팎을 지키는 것이 해이해짐으로 인해 궐내로의 자유로운 출입이 가능하게 된 것과 함께 뇌물을 받고 이를 묵인하는 법사(法司) 벼슬아치들의 뒤 봐주기가 있었던 것을 그 예로 들고 있다.

즉 "근래 사건사는 거의 드물고 태반이 그와 무관한 것입니다. 관원의 앞에서는 진술하지 못하는 자도 문득 와서 격쟁하니 이와 같은 백성을 엄히 단속하지 않을 수 없습니다. 이러한 백성들은 거의가 다 금부, 형조, 한성부의 벼슬아치들과 결탁하고 있는데 이들의 격쟁을 알지 못하는 벼슬아치들은 없습니다. 그러므로 너무도 쉽게 격쟁하는 것입니다."27)

이러한 기록에 비추어 볼 때 당시에 왕과 관리들이 격쟁과 상언의 폐해가 무엇으로부터 비롯하고 있는지를 제대로 파악하고 있었음을 잘 보여 주고 있다.

그러나 법이 규정하고 있는 절차적 과정을 생략한 채28) 상언이나

---

26) 承政院日記 270, 숙종 5년 5월 10일, 14권 332.
27) 承政院日記 1511, 정조 6년 6월 10일 을해, 82권 312~314.
28) 秋官志 考律部 定制 申聞鼓; "우리 조종(祖宗: 대대의 군주의 총칭)의 법에 따르자면 억울한 사정이 있는 자는 먼저 사헌부(司憲府)에 고소하고 그래도 억울함이 풀리지 않은 뒤라야 비로소 신문고를 쳐서 상언하는 것을 허락하였습니다. 그런데 지금 억울함을 호소하는 사람은 오직 격쟁과 상언을 일삼고 사헌부를 경유하지 않습니다."는 지적이 이를 잘 확인해 주고 있다.

격쟁을 통해 절대권자인 왕의 전권행사에 의존하려는 백성들의 요구 내지 권리행사는 점점 그 한도를 넘어 끝을 모르게 되었다. 그러함에도 이를 법적으로 수용하는 법제도의 마련, 관련 기구의 행정적인 개선이나, 그리고 관료 지배층들의 의식전환은 전혀 변화를 보이지 않았다. 결국 국왕의 예치적(禮治的) 통치방식과 이에 필요에 따라 그때그때의 상황에 맞추어 대응하려 한 백성들의 비뚤어진 권리의식의 어우러짐은 결국 법제도로서의 소송제도가 올바르게 발전하는 데 있어서 커다란 걸림돌이 되었던 것이다.

메시지 1: 물러설 때에는 물러설 줄도 알아야 한다

"아산(牙山)이 깨어지나 평택(平澤)이 무너지나", "백두산(白頭山)이 무너지나 동해수(東海水) 메워지나" 식의 끝까지 한번 해보자는 마음가짐은 맹목적일 뿐 아니라 의미 없는 무모한 결과를 초래할 수 있다.

당사자 간의 관계가 이미 분쟁으로 발전했을 경우에는 어느 일방의 일방적인 승리는 존재하지 않게 된다. 이 순간부터는 자신의 손실을 최소화하기 위한 전략이 필요하다. 상대방의 주장 내지 요구를 수용할 필요가 있을 때에는 과감히 수용하고 양보할 수 있어야 한다. 끝을 보는 것이 중요한 것이 아니라 뒤로 물러설 필요가 있을 때에는 물러설 줄도 알아야 한다.

제 **2** 부

조선시대 재판제도의 이모저모

제 1. 재판은 어디에서 하였을까?

재판(裁判)이란 사회적 의미로는 법원이 소송사건에 대해 원고·피고의 주장을 듣고 그에 대한 법적 판단을 내리는 소송절차를 말하고, 소송법적 의미로는 재판기관인 법원 또는 법관이 소송사건에 대해 내리는 판단 또는 의사표시를 말한다. 오늘날과 마찬가지로 조선시대에도 재판제도가 있었음은 기록을 통해 확인되고 있다.

당시의 재판은 크게 송사(訟事)와 옥사(獄事)로 나뉘었다. 송사(訟事)는 사인 간의 생활관계에서 발생하는 분쟁의 해결을 위해 관청에 판결을 호소하는 것을 말하며, 옥사(獄事)는 강도, 살인, 반역 등의 중대 범죄를 다스리는 일로서 국가사회의 공권력 유지를 위한 형사사건으로서 고발 또는 적발, 수색하여 처벌하는 것을 말한다.[29] 이 중 송사는 다시 옥송(獄訟)과 사송(詞訟)으로 나뉜다. 옥송(獄訟)은 상해 및 인격적 침해(양반이 상민에게 능욕을 당했다든지 상민이 양반을 침범하여 포악하게 한 경우 등) 등을 이유로 하여 원(元: 원고), 척(隻: 피고) 간에 형벌을 요구하는 송사를 말한다. 이에 반해 사송(詞訟)은 원(元), 척(隻) 간에 재화의 소유권에 대한 확인(確認), 양도(讓渡), 변상(辨償)

---

29) 오갑균, 조선시대사법제도연구, 서울: 삼영사, 1995, 251쪽.

을 위한 민사 관련 송사를 말한다. 당시는 토지(土地)와 노비(奴婢) 중심의 경제사회였으므로 주로 상속, 부동산, 노비, 소비대차 및 신분과 관련한 소송이 사송(詞訟)의 중심을 이루었다.

〈표 1〉■ 사송(詞訟)의 종류 ■

종 류	내 용
인륜에 관한 소송	친자(親子)의 확인(確認)을 구하는 소송.
논밭 및 가옥에 관한 소송	소유권 분쟁의 전형적인 대표적 예. 이러한 분쟁에서의 결론은 단지 법조문에 의존하는 것만은 아니었고 혈육끼리의 쟁송으로 의(義)를 저버리고 재물에 목숨을 거는 자에 대해서는 징벌한다는 윤리를 반영하기도 함.
소와 말에 관련한 소송(牛馬訴訟)	인명(人命)과 관계되거나 재산상의 큰 손실과 관련된 것은 아니었던 것으로 보임. 향촌 내의 소나 말과 관련한 사소한 갈등을 수령이 어떻게 처결하는가를 봄으로써 수령의 능력을 시험하기 위한 의도도 담겨 있는 것으로 보임.
재물에 대한 소유권 분쟁 소송 (財帛訴訟)	소유권을 증명할 수 있는 증빙문서가 없음으로 인해 발생하는 분쟁을 해결하기 위한 것으로 보임.
묘지(墓地)에 관한 소송	묘지가 있는 산과 관련되어 산송(山訟)으로 번지기도 함. 조선 후기의 대표적인 송사 가운데 하나로서 싸우고 구타하고 살인하는 사건의 절반이 이로 말미암은 것일 정도로 그 비율이 높음.[30]
노비(奴婢)소송	노비는 토지와 함께 주요한 소유물이었고 주된 분쟁의 대상이 됨.
소비대차와 관련한 채권채무소송	당시 고리대(高利貸)를 법으로 금했음에도 이를 근절시킬 수는 없었음. 당시에 사채(私債)로 인한 분쟁이 잦았음을 알 수 있음.
군역부담 (軍役負擔)과 관련한 소송	인징(隣徵)을 하려면 본래 부담자의 거주지가 확실해야 하는데 이를 놓고 쟁송(爭訟)을 벌이기도 함. 역(役)과 관련하여 또는 향역(鄕役) 면제 여부를 재판에서 다투기도 함.

　그렇다면 당시에 이러한 송사(訟事)나 옥사(獄事)를 맡아 처리하는 기관은 어느 곳이었을까? 조선시대는 입법, 사법, 행정의 권력분

---

30) 다른 사람의 산에 몰래 자신의 부모를 묻기도 하고 심지어는 다른 사람의 묘를 파헤치기까지 하였다.

립이 제도화되어 있지 않았기에 모든 관리는 국왕의 부하, 대관(代官)이었고 재판관과 행정관의 구별도 없었다. 즉 독립된 사법기관이 존재하지 않았으므로 재판은 중앙의 몇몇 기관과 행정 관료기구의 말단으로서 직접 백성들과 접하는 지방수령인 목사, 부사, 군수, 현령, 현감 등과 관찰사가 담당하였다. 당시 사법, 행정에 있어 최고 권력자인 왕이 최고의 재판기관으로서 군림하였던 것은 지극히 당연한 것이었다.

중앙의 재판기관으로서는 한성부(漢城府)·의금부(義禁府)·형조(刑曹)·사헌부(司憲府)·장예원(掌隸阮)을 들 수 있다. 먼저, 한성부는 고려의 개성부제(開城府制)를 답습하여 경기(京畿)의 과전(科田)과 관내의 토지(土地)·호구(戶口)·농상(農商)·학교(學校)·사송(詞訟) 등을 관장하였다. 형조·의금부와 함께 사법기능을 행사하여 3법사(三法司)의 하나로도 불렸다.

둘째로 의금부(義禁府)이다. 의금부는 조선시대 왕명을 받들어 중죄인을 잡아들여 신문(訊問/추국: 推鞫)하는 일을 맡던 사법기관이다. 일반 범죄도 다스렸지만 특히 역모(逆謀: 반역을 꾀함) 등의 정치범이나 삼강오륜(三綱五倫)을 어겨 사회질서를 문란하게 하는 등의 중죄인을 다스리는 일을 하였다. 왕권과 직결되는 반역죄를 다스릴 때는 의정부·사헌부·사간원과 합좌(合坐)하여 다스렸다.

셋째로는 형조(刑曹)이다. 고려와 조선시대 6조(六曹)의 하나로서 일명 추관(秋官) 또는 추조(秋曹)라고도 하였으며, 법률·사송(詞訟)·노비 등 사법행정 전반에 관한 사무를 관장하였다. 또한 재판 관련 업무를 취급하였는데 지방 수령이 관장하는 일반사건에 대한 상소심으로서 재심기관이었다. 때문에 사헌부·한성부와 더불어 삼법사(三法司)라고 불렸다. 사헌부·사간원과 함께 삼성(三省)이라 하여 의금부에서 국문(鞫問)할 때 함께 동참하기도 하였다.

넷째로는 사헌부(司憲府)이다. 감찰(監察)을 각사(各司)나 지방에 파견하여 부정을 적발하고 그에 대한 법적 조치를 취하는 등 사법권이 있다 하여 삼법사(三法司) 또는 출금삼아문(出禁三衙門)이라고도 불렸다. 또한 사헌부와 사간원(司諫院)을 함께 칭하여 그 관원을 모두 대간(臺諫)이라 불렸다.

끝으로 장예원(掌隸院)이다. 장예원은 1467년에 설립된 노비의 부적(簿籍)과 소송에 관한 일을 관장하던 곳이다. 사헌부, 한성부와 더불어 사법삼사(司法三司)라 하였으며, 후에 형조에 편입되었다.

지방의 재판기관으로는 관찰사(觀察使), 목사(牧使), 부사(府使), 군수(郡守), 현령(縣令), 현감(縣監) 등을 들 수 있다. 지방수령은 민사소송과 태형(笞刑) 이하의 형사소송을 직접 결정하여 처리하였다. 관찰사는 관내의 사법사무를 통할(統轄)하였고, 도형(徒刑) 이하의 형사사건을 직접 처리하였다. 그러나 그 이상의 중죄에 대해서는 상부의 지시를 받았다.

이들 지방수령은 원칙적으로 양반출신으로서 행정과 사법의 실제에 대한 경험과 지식을 습득하지 못한 경우가 많아, 실질적으로는 중인계급인 아전(衙前)에 의해 재판이 이루어졌다.[31]

이렇듯 중앙과 지방 각층의 행정기관에서 사법권을 행사하였으므로 그 심판관이 되는 관료들에게는 법전(法典)의 내용과 관련한 기초교양이 요구되었고 과거(科擧)에도 법률과목이 들어가게 되었다.

---

31) 서원우, 6~7쪽.

동헌에서 재판하는 모습

명 칭	연 혁	기 능	구 성	비 고
한 성 부	· 1394년(태조3): 도읍을 개경에서 한양으로 옮김. · 1395년: 한양부를 한성부로 개칭. · 1399년(정종1): 왕자의 난으로 개경으로 옮김. · 1405년(태종5): 한성부로 환도하여 한말까지 계속됨. · 경도(京都) · 경조(京兆)라고도 함.	· 도성의 행정, 사법, 치안까지 관장.32) · 6조와 대등한 지위와 대우를 누림. · 3법사(형조, 사헌부, 한성부)의 하나.	· 정2품 판윤(判尹) 1명. · 종2품 좌 · 우윤 각 1명. · 종4품 서윤(庶尹) 1명. · 종5품 판관 2명. · 정7품 참군(參軍) 3명(1명은 겸직).	· 행정구역: 도성과 도성으로부터 사방 10리의 지역33)→ 부(部), 방(坊), 계(契)로 편성됨.34)
의 금 부	· 1402년(태종2): 순군만 호부를 순위부로 함. · 1403년: 순위부를 의용순금사로 함. · 1414년 8월: 의금부로 승격, 개칭. · 금부(禁府) · 금오(金吾) · 왕부(王府)라고도 함.	· 역모 등의 정치범이나 삼강오륜을 어긴 중죄인을 다스림.35) · 왕권과 직결되는 반역죄는 의정부, 사헌부, 사간원과 합좌하여 다스림.36) · 신문고를 관장함(태종 때).	· 종1품 판사(判事), 정2품 지사, 종2품 동지사인 당상관 4명. · 종4품 경력(經歷)과 종5품 도사(都事)인 당하관 10명. · 사졸(士卒) 1,000명 나장(羅將) 100명.	· 국왕직속의 특별 사법기관 · 감옥을 둠. 서간: 조관경죄자 (가벼운 죄를 지은 신하). 동 · 남간: 역옥(逆獄) 등 중죄인. · 궐내에 당직청을 둠.

32) 〈경국대전〉에는 한성부의 담당임무를 서울의 인구 · 시전 · 가옥 · 토지 · 사산(四山) · 도로 · 교량 · 구거(溝渠) · 포결(逋欠) · 부채 · 투구(鬪歐) · 주순(晝巡) · 검시(檢屍) 등의 관장으로 규정하였다.

33) 대개 동계는 송계원(松溪院)과 대현(大峴), 서계는 양화도(楊花渡)와 고양 덕수원(德水院), 남계는 한강, 북계는 북한산이었다.

34) 부방제(部坊制)는 초기에 개경의 부방제를 모방하여 중 · 동 · 서 · 남 · 북의 5부로 구획하고, 각 부에 8 · 12 · 11 · 10 · 10방을 두었다. 1894년 갑오개혁 때 5부의 칭호를 5서(署)로 개칭하였고, 방명의 일부가 바뀌고 계의 축소 및 하부에 동(洞)이 설치되면서 한성부 – 5서 – 47방 – 288계 – 775동으로 정비되었다. 도성 밖에는 처음에 15관령(管領)이 부와는 무관하게 한성부에 직속되면서 각각의 지역을 관장했고, 1461년(세조 7)에 그 방위에 따

명 칭	연 혁	기 능	구 성	비 고
형 조	·1405년(태종5) 2월 육조의 장관을 정2품의 판서로 승격. ·육조에는 각각 3개의 속사를 설치. ·형조에도 속사와 속아 문이 편제됨. ·추관(秋官) 또는 추조(秋曹)라 고도 함.	·법률, 사송, 노비, 수화(水火), 간도(奸盜), 투살(鬪殺) 등의 일을 관장. ·3법사 중의 하나. ·의금부에서 국문할 때 참여.	·전서(典書: 정3품) 2명=>1405년(태종 5) 2월에 육조의 장관을 정3품의 전서에서 정2품의 판서(判書)로 승격 시킴. ·의랑(議郞: 정4품) 2명. ·정랑(正郞: 정5품) 2명. ·좌랑(佐郞: 정6품) 2명. ·주사(主事: 정7품) 2명. ·영사(令史) 6명.	·형조의 속사로는 상복사, 고율사, 장예사가 있었음. ·형조의 속아문 으로는 장예원, 전옥서가 있었음.
사 헌 부	·중국의 어사대부·어사대에서 유래. ·통일신라: 사정부, 발해: 중정대. ·고려: 사헌대→어사대(995)→금오대(1014)→감찰사(1298)→사헌부로 명칭 변경. ·1369년(공민왕 18) 사헌부로 굳혀져 조선으로 이어짐.	·주로 감찰행정을 맡음. ·3법사 중의 하나. ·사헌부와 사간원(司諫院)을 병칭하여 그 관원을 모두 대간(臺諫)이라 부름. ·임금이 결정·한 관원의 자격을 심사하여 동의 여부를 결정하는 서경(署經)기관.	·대사헌(大司憲: 종2품) 1명. ·집의(執義: 종3품) 1명. ·장령(掌令: 정4품) 2명. ·지평(持平: 정5품) 2명. ·감찰(監察: 정6품) 13명. ·서리(書吏)	·사헌부는 상하의 구별이 엄하여 하위자는 상위자를 예로서 맞이함. ·최상위자인 대사헌이 대청에 앉은 다음 도리가 제좌(齊坐)를 네 번 부른 다음에 모두 자리에 앉도록 함. ·인사관계·시정탄핵(時政彈劾) 등의 일이 있으면 일동이 당상원의석(堂上圓議席)에 둘러앉아

라 5부에 소속되었다.

35) 법을 어겨 어지럽게 구는 것을 막아 이를 금지하는 것으로 후에 도성 내의 금란(禁亂)은 한 성부의 소관으로 이관된다.

36) 형벌을 관장하는 데 있어 형조가 다스리는 부분과 중복되는 면이 있었고, 순작포금(巡綽捕禁: 순찰하고 체포 구금하는 일)에 있어서는 부병(府兵: 도성이나 변경의 경비를 맡아보는 일 또는 그 군사)의 기능과 병행되어 관장의 한계가 명확하지 아니하였다.

	· 헌부(憲府) · 백부(柏府) · 상대(霜臺) · 오대(烏臺)라는 이름으로 불림.			가부를 숙의한 다음 결정함. · 일을 끝내고 퇴청할 때까지 모든 것을 정한 절차에 의하여 일사불란하게 진행하는 전통을 지님.

명 칭	연 혁	기 능	구 성	비 고
장예원	· 1467년에 설립. · 후에 형조에 편입됨.	· 노비의 부적(簿籍)과 소송에 관한 일을 관장. · 사헌부, 한성부와 더불어 사법삼사(司法三司)라 함.		
재판보조기관(문사낭청)	· 의금부(義禁府)가 설치된 1414년(태종 14) 이후에 있었던 임시관직.	· 국청(鞫廳) · 정국(庭鞫) · 성국(省鞫) · 의금부추국(義禁府推鞫) 등에 차출됨. 위관(委官)과 의금부 당상(堂上), 형방승지(刑房承旨)의 지휘에 따라 죄인의 국문에 참여해 문서를 작성하던 기관.[37] · 죄인을 문초하는 일은 품관(品官)이 맡았고, 문사낭청은 지금의 법원이나 검찰청 서기(書記)와 비슷한 일을 맡아 봄. 즉 죄인의 신문서를 작성해 읽어 주는 업무를 담당.	· 문랑(問郎)이라고도 하였으며 정6품에서 종9품 가운데서 차출됨.	

즉 대과복시(大科覆試: 고등고시 2차 시험에 상당)에서는 경국대전(經國
大典)과 가례(家禮: 가정의 관혼상제(冠婚喪祭)에 대한 예법)로서 시험을 보
았다. 그 밖에 사법사무(司法事務)를 담당하는 요원들을 선발하기
위하여 잡과(雜科)의 하나로 율과(律科)가 있었다. 그리고 법 운용의
전문적인 실무교육을 위하여 형조에는 율학청(律學廳: 법전운영의 전문적
인 실무와 율학을 교육한 관청)을 두었고, 각도에는 검률(檢律)을 두었다.38)

그렇다면 재판을 하는 데 있어서 그 근거가 되는 법규범은 존재하
였을까! 조선은 고려 멸망의 원인 중 하나로 소송의 범람을 지적하
였을 정도로 건국 초의 만연된 소송에 대하여 위기감을 가졌고, 이
러한 소송을 단절시키고자 하는 정책을 강력하게 추진하였다. 이는
결국 법제의 발달 및 소송기술에 대한 발전으로 이어지게 된다.

그러나 육전 체제로 이루어져 있는 법전 중에는 소송에 관한 법규
들이 산재하였고 이러한 법전들은 서로 모순되는 내용을 갖고 있었
다. 또한 이 시대에는 법전이 국가기관별로 분류되는 체계였고 수시
로 국왕의 명령형식인 수교(受敎)가 제정되는 상황이었다. 따라서
법규들이 실용적 주제를 중심으로 재정리될 필요성이 제기되었고 그
에 따른 전문적인 소송법서도 편찬케 되었다.

그중 대표적인 민사소송 관련 법서로서 '사송유취(詞訟類聚)',
'결송유취(決訟類聚)와 '대전사송유취(大典詞訟類聚)' 등을 들 수
있다. '사송유취(詞訟類聚: 1585)'는 소송의 진행순서에 가장 부합하
고 발달된 소송이론을 체현시켜 편집된 실무지침서의 형태를 보여

---

37) 조선시대에는 형조(刑曹), 한성부(漢城府), 의금부 등에서 재판을 관장하였으나 긴급한 주요
    사건은 나라의 큰 죄인을 신문하기 위해 왕명으로 설치한 임시 관청인 국청(鞫廳)을 비롯해
    정국(庭鞫)·성국(省鞫) 등에서 담당하였다.
38) 김병화, 한국사법사(중세편), 서울: 일조각, 1992, 8~9쪽.

주고 있다. 결송유취(決訟類聚: 1649)는 '사송유취(詞訟類聚)'의 증보판으로 그 내용은 거의 동일하다고 하겠다. 1707년의 결송유취보(決訟類聚補)에서는 많은 부분의 수정 및 보완이 행하여졌다. '대전사송유취(大典詞訟類聚)'는 뛰어난 법이론과 해설을 담고 있어 완벽한 소송이론서의 모습을 보여 주고 있다.[39] 이러한 소송법서의 유통은 소송에서 조력을 받기가 쉽지 아니했던 당사자들에게 소송수행에 있어 큰 도움이 되었던 것으로 보인다.

이러한 소송 관련 법서의 내용 및 체제는 '대전속록(大典續錄)', '대전후속록(大典後續錄)' 등과 함께 '속대전(續大典)', 형전(刑典)의 '청리(聽理)' 조항에 반영케 되었고, 그리고 이후에는 '대전회통(大典會通: 1865)'으로 이어지게 된다.

형사재판 및 형률을 적용하는 기본법전으로서는 '경국대전(經國大典)'과 '대명률(大明律)'이 활용되었다. 그 밖에 중국의 형률서인 '당률소의(唐律疏義)', '대관의두(對款議頭)', '율조소의(律條疏議)' 등이 부차적인 참고서로 활용되었다. 이후 조선 후기에 들어서면서 옥송과 형률에 대한 형법서가 편찬되어 활용되었는데, '청송제강(聽訟提綱)', '전율통보(典律通寶)', '전율통보별편(典律通寶別篇)', '흠휼전칙(欽恤典則)', '추관지(秋官志)', '전율통편(典律痛編)', '증보무원록(增補無冤錄)' 등이 바로 그것이다. 또한 범죄의 기소나 판결에 필요한 문형(文型)과 법조문을 제시해 주었던 '율례편람(律例便覽)', '율례요람(律例要覽)' 등이 편찬되어 이용되었다.

조선시대 법정의 모습은 어떠하였을까? 법정은 관부의 앞마당(전정: 前廷)에서 열렸으며 재판관(수령 등)은 대청(大廳) 정좌(丁坐: 정방을

---

39) 임상혁, 167~168면.

제2부 조선시대 재판제도의 이모저모 43

등진 왼쪽 방향)에 위치하여 변론을 들었다. 서리(胥吏: 참여주사)는 마루에 엎드려 요지를 기록하였고, 앞마당에는 나장(羅將)과 사령, 형리 등이 서로 도열해 서 있는 가운데 원, 피고가 진술하였다.40)

재판관의 재판에 임하는 자세와 관련하여 조선시대의 왕들은 명확한 입장을 천명하고 있다. 왕들은 한결같이 송사의 처결은 공평(公平), 염정(廉正: 청렴하고 공정함)하여야 하며, 옥송(獄訟: 형사소송)은 중하게 여겨 자세히 살피고 신중하게 하며 공평하고 진실하게 할 것을 강조하였다.

성종은 법의 집행을 삼가 신중하게 하도록 하고, 사사로운 청을 듣지 말고 공평한 마음으로 송사를 다스리도록 하라고 당부하였다.

숙종은 재판관이 된 자는 마땅히 송사(訟事)의 이유가 옳고 그른가만 살펴보아 승소와 패소를 정하며, 공정하게 처결하도록 함이 옳다는 기본 원칙을 담은 왕명을 내리기도 하였다.

정조는 송사와 옥사는 깨끗하고 공평한 것이 으뜸이며, 뇌물을 받고 법을 잘못 적용하였거나 청탁을 받고 강제로 결정을 내린 것은 가장 가증스러운 짓이라고 하였다.

이러한 역대 임금들의 재판에 임하는 관리들에 대한 지엄한 명이 있었음에도 불구하고 만약 재판관이 진정과 허위를 살피지 못하고 혼미하게 잘못 판결하였다면 어찌 되었을까.

일률적인 것은 아니었으나, 대체로 이러한 자들에게는 그 죄명(罪名)을 기록하여 영구히 임용하지 말도록 하였다. 재물을 받고 공공연히 오판(誤判)하거나 고의(故意)로 지체(遲滯)하거나 법을 굽힌 재판관은 파면시키도록 하였다.41) 예를 들어 형조(刑曹)와 도관(都官: 노

---

40) 김병화, 13~14쪽.

41) 인정과 뇌물로 오판한 자가, 만약 정상(情狀)을 참작하는 것이 어려운 경우라면, 직첩(職牒: 조정에서 내리는 벼슬아치의 임명장)을 회수하고, 장 100대에 처하였다. 또한 해군(海軍)에

비의 문서와 호적, 소송을 맡아보던 형조의 소속 관아)이 잘못 판결하면 정직(停職) 내지는 파면(罷免)과 함께 먼 지방에 귀양을 보냈다.

고의(故意)로 인한 경우와 과실(過失)로 인한 경우를 구별하여 처벌하였는데, 과실로 인한 오판일 경우에는 태(笞) 50에 처하였다.

시일(時日)을 끌고 재판을 뒤로 미루는 자는 녹(祿: 관리의 봉급)을 징수(徵收)케 함으로써 뒷사람으로 하여금 이를 경계토록 하였다.

메시지 2: 주변을 잘 활용하자

조선시대에 분쟁이 극단적인 관계로까지 치닫게 된 원인으로서 당사자들 중간에서 이러한 다툼을 중재할 수 있는 적절한 제도나 관습이 없었음을 들고 있다. 이는 분쟁이 확대되는 것을 막을 수 있었음에도 그러하지 못함을 아쉬워한 것이라 하겠다. 따라서 주변에 분쟁을 극단으로 치닫는 것을 막아 줄 수 있는 중간적 가교 역할을 할 수 있는 사람 또는 기구를 찾아야 한다. 이것이 더 큰 싸움으로 치닫는 것을 막을 수 있는 좋은 방법이다.

아울러 전문가의 도움을 받는 데 소홀해서는 안 된다. 전문가의 조언에 귀 기울였다면 별 문제없이 해결될 수 있는 분쟁이었음에도 비전문가와의 상의 혹은 자신의 얄팍한 지식에 의해 섣불리 결정함으로써 일을 어렵게 하고 또 더 복잡하게 할 수도 있다. 전문가와 상의하고 그의 도움을 받는 데에 인색해서는 안 될 것이다. 법률전문가나 분쟁해결전문가를 이용하기 위해서는 적지 않은 비용이 요구된다. 그러나 이러한 비용은 결과적으로 향후 발생하게 되는 막대한 해결비용과 비교해 볼 때 그리 크지 않은 것이다.

보내어 영원히 공무담임권을 박탈하였다.

제 2. 금전 채무와 관련한 민사재판절차

소송심리(訴訟審理)**는 오늘날의 소장**(訴狀)**에 해당하는 소지**(所持)**를 작성하여 제출**(提出)**함으로써 개시**(開始)**된다.**

피고(被告: 元隻)**는 원고**(原告: 元告)**가 데려오도록 하라.**

"**전**라도 전주 지방에 살고 있는 김개똥은 옆 마을에 살고 있는 박갑돌에게 50냥을 빌려 주었고, 1년 후에 돌려받기로 하였다. 그런데 1년이 훨씬 지났음에도 박가는 원금은커녕 이자도 제대로 주지 않고 있다. 어느 날 김가가 박가의 집을 찾아가 빨리 돈을 갚을 것을 요구하자 박가는 완력을 사용하여 김가를 바닥에 내동댕이치고 마구 주먹질을 한 후 쫓아 버렸다. 박가로부터 돈을 받지도 못하고 오히려 폭행을 당한 김가는 박가를 상대로 하여 자신의 돈을 돌려줄 것과 함께 폭행을 당한 부분에 대해서도 처벌해 줄 것을 요구하는 소지를 관에 제출하였다."

이러한 내용의 소지(所持)가 관에 접수되었다면 이후에 어떠한 절차가 진행되었을까? 이후 재판의 진행과정에 대해 살펴보기로 한다.

민사소송절차의 개시

소송심리는 오늘날의 소장에 해당하는 소지(所持: 所持單子, 양반이 직접 제출하는 소장(訴狀)을 단자(單子)라 하였다)를 작성하여 제출함으로써 개시(開始)된다. 소지를 올리면 접수한 관청은 그에 대한 처분을 내리게 되는데, 대개 올린 소지의 여백에다 직접 써주게 된다. 이를 제김(題音) 또는 제사(題辭)라 한다.

조선시대에서 소지(所持)의 내용은 민사적인 면과 형사적인 면을 겸하는 경우가 많았던 것으로 보인다. 이와 관련한 소지의 내용을 위의 사례를 예로 하여 살펴보면 다음과 같다.[42]

■ 소지(所持)의 내용 ■

○○洞에 사는 한량 김개똥 아룁니다. 삼가 소장을 올리는 것은 이 사람이 ○○洞에 사는 박 漢에게 마땅히 받아야 할 돈이 있었습니다. 그 돈을 받기 위해 오늘 아침 그의 집으로 찾아가 독촉을 하였는데 처음부터 가부간에 말 한마디 없이 이 사람을 때리고 의관을 부수기까지 하였습니다. 이자의 소행이 가히 이러하니 이와 같이 말에 조리가 없고 거리낌이 없는 자를 개인의 힘으로 막기가 불가능합니다. 참으로 분하고 억울함을 이기지 못한 탓에 감히 소장을 올리오니 법으로 살펴주기를 바랍니다.

고대하는 것은 잘 살핀 후 同 박 漢을 잡아다 먼저 무단히 구타한 죄를 다스리고 이 사람이 마땅히 받아야 할 돈을 꼭 받도록 처분하실 일.

某部 處分　　　　　　　○○년 ○○월 ○○일 所持

題音 엄히 다스리기 위하여 잡아와야 마땅한 일

---

42) 오갑균, 172~173쪽 참조.

당시에는 소지를 제출하였다고 하여 바로 소송이 시작되는 것은 아니었다. 원고만으로는 절차가 진행될 수 없으므로 피고를 재판정으로 데려와야만 했다. 관에서는 소지의 말미에 그저 "피고를 데려오라."고만 써 줄 뿐 실제 피고를 데려오는 일은 원고의 몫이었다. 이처럼 원고와 피고가 모두 재판정에 출두하여 양자로부터 소송에 성실히 임하고 결과에 승복하겠다는 시송(始訟)다짐을 받으면 비로소 소송이 시작되었고 판결절차가 진행되었던 것이다.

조선 초기에 소의 제기를 억제하려는 발상은 정한법(定限法)을 거쳐 과한법(過限法: 소송을 제기할 수 있는 일정한 기간을 설정한 것으로 지금의 제척 기간과 유사한 규정이다)으로 정착되었다. 즉 소가 남발되는 것을 막고[43] 소송경제 등의 목적으로 청송 기간(聽訟期限)이라 하여 제소할 수 있는 기한이 설정되어 있었다. 그 예로서 토지 및 가옥에 관한 소송은 분쟁이 발생한 때부터 5년이 지나면 수리심리(受理審理)를 하지 않으며 5년 내에 소송을 제기하였더라도 그 기간 내에 소송을 진행시키지 아니하면 역시 심리(審理)하지 않도록 하였다.[44] 이 원칙은 노비 양도의 경우에도 적용되었다.

그러나 이러한 원칙과는 무관하게 언제든지 제소할 수 있는 경우도 있었다. 즉 ① 토지나 가옥 그리고 노비를 훔쳐서 판 경우, ② 토지나 가옥이 소송계속 중이지만 아직 종국판결이 없으므로 원, 피고 중 누구의 것인지 권리관계가 미확정상태(未確定狀態)에 있는 경우, ③ 상속인이 부모의 유산을 분배하지 않고 독점(獨占)하고 있는 경우, ④ 수확분반(收穫分半)의 병경소작(併耕小作)의 소작인이 농지를 자기의 것이라고 주장하거나 계약 기간이 만료되어 지주의

---

43) 만약 근친(近親) 간에 이유 없이 소송하여 그 간사(奸邪)함이 드러날 경우에는 엄벌에 처하였다.
44) 經國大典 戸典 田宅條.

인도요구가 있음에도 이에 불응하고 영구히 점유하려는 경우, ⑤ 타인의 가옥을 빌려서 거주하고 있는 자가 계약 기간이 만료되거나 집주인의 인도요구가 있음에도 이에 불응하고 영구히 점유하려 하는 경우 등에는 5년 출소기간(出訴期間: 소를 제기할 수 있는 기간)의 적용을 받지 않고 언제든지, 즉 자손 대에 가서도 소송을 제기하여 구제받을 수 있도록 하였다.45)

재판은 계절적으로는 춘분부터 추분 사이의 농번기를 피해서 행해졌고, 원고(元告: 원고)와 원척(元隻: 피고) 양쪽 당사자를 모두 참여시켜 변론을 거쳐 재판하도록 하였다.46) 재판의 처리기한은 어떠하였을까? 경국대전에 따르면, 사송(詞訟)의 처리기한과 일반 결옥기한(決獄期限: 형사소송사건의 판결기한)이 동일하였다. 모든 결옥(決獄: 형사사건의 재판)은 대사(大事: 사형)는 30일, 중사(中事: 도형과 유형)는 20일, 소사(小事: 태형과 장형)는 10일 동안으로 한정하였다. 그러나 이와 같이 법적으로는 판결의 기한을 정해 놓고 있었으나 여러 차례 수령이 교체되는 동안에 해결되지 않은 것이 있을 정도로 오랫동안 계속되는 것도 있었다.

민사재판의 관할

조선시대의 민사소송절차의 시작은 원고가 담당 관청에 소지(소장)를 제출함으로써 비롯하게 되는데, 그렇다면 과연 어느 곳에 소지를 제출하여야 했을까? 지방에서의 토지관할(土地管轄)은 고을의 수령, 즉 목사, 부사, 군수, 현령의 직무상 책임이 미치는 지역과 일치하였으므로,

---

45) 김병화, 12~13쪽: 박병호, 219쪽.
46) 김홍규, 민사소송법, 서울: 삼영사, 2004, 43쪽: 오갑균, 251쪽 이하 참조.

원고는 피고가 속한 주, 현, 군, 현의 수령에게 제소하면 되었다.[47]

서울 지역의 경우는 장예원, 한성부, 형조, 사헌부에 소를 제기하면 되었다. 장예원은 노비와 관련하여, 한성부는 논밭 및 집과 관련하여, 형조는 지방에서 올라온 민사소송과 관련하여, 사헌부는 풍속에 관련한 사안에 대한 관할권을 가졌다.

만약 원고가 관할(管轄)이 아닌 곳에 제소하였을 경우에는 당연히 이송(移送)케 하였다. 이 경우 소장을 접수한 관청이 관할 관청으로 보내는 예도 있었으나 대개는 당사자가 다시 소지를 들고 가서 해당 관서에 접수시켜야 했다. 문제는 담당 송관이 상피(相避: 친족 또는 기타 관계로 같은 곳에서 벼슬하는 일이나 청송(聽訟), 시관(試官) 따위를 피하는 것을 말함)에 걸리거나 하여 재판을 할 수 없게 되는 경우인데, 이때에는 송관만이 바뀌는 지금의 제도와는 달리 그 당상관(堂上官)이 바뀌길 기다려 다시 제소하는 것이 원칙이었다.

민사재판 심리의 원칙과 심리의 진행

조선시대 재판의 특징은 철저한 당사자주의(當事者主義)와 변론주의(辯論主義)라 하겠다. 즉 사실(事實)과 증거(證據)의 수집(蒐集)·제출(提出)책임이 당사자에게 맡겨졌으며, 재판의 중심은 당사자에게 두어졌다. 아울러 당사자처분권주의(當事者處分權主義) 또한 관철되었는데, 즉 절차의 개시, 심판의 대상결정, 절차의 종결도 당사자에게 달려 있었다.

심리의 진행은 당사자들이 자신의 주장을 말로써 진술하도록 하는

---

47) 모든 소송은 대소를 막론하고 피고 거주지의 관사에 제소해야 한다는 뜻으로 '척재관(隻在官)'이라는 용어가 사용되었다.

구술주의(口述主義)를 원칙으로 하였다. 재판에는 양 당사자 모두가 참여하여 당사자 쌍방을 대상으로 하여 심리하는 쌍방심리주의(雙方審理主義)를 취하였으며, 양 당사자에게 공평한 기회를 부여하였다(공평주의).

심리의 진행절차는 어떠하였을까. 일반적인 송사는 이해당사자들 간에 재산을 다투는 경우인데 당시의 대표적인 심리절차방식이었던 청송식(聽訟式)에 따르면 대략 다음과 같이 진행되었다.[48] 즉 소송의 심리개시, 사건의 실정심문, 증거문서의 제출, 증거문서의 조사 그리고 이에 대한 확인과정의 순이었다.

〈표 3〉 ■ 청송식에 따른 민사재판절차 ■

절차의 진행	내 용
1. 소송의 심리개시	· 송사를 할 것인가의 의사를 다짐받음.
2. 사건의 실정심문	· 양측의 시시비비를 적은 글을 바치고(소지(所持)를 제출하는 사연을 발괄(白活)이라고 함), 관련된 문서(문기: 文記)를 제출하도록 함.
3. 증거문서의 제출	· 사실주장을 뒷받침할 증거문서를 제출하도록 함.
4. 증거문서의 조사	· 검열한 뒤에 이를 봉인하고 원고와 피고가 그 봉함에 서명토록 함. 이에 대해 다짐을 받은 다음 문서를 본 주인에게 돌려줌. · 문서를 후일 다시 제출케 할 때에는 다시 문초하여 다짐하는 글을 완성시키고 개봉함.
5. 확인과정	· 문서의 선후, 공부의 등록 여부, 관의 증명규정의 적부(適否: 틀림없이 꼭 맞음과 안 맞음), 거주지 관사의 증명 여부, 제소 기간의 적부(適否) 등을 살핌. · 조사하는 문서의 비교 및 대조, 문서의 변조 여부, 문자의 첨삭 여부, 인적·서명 등을 확인. · 증거문서, 작성 연월일, 처리한 당상관·낭청의 재판 연월일, 성명·관인 등을 조사, 확인하는 과정을 거침.

48) 오갑균, 259~260쪽.

그러나 소송심리가 생각만큼 원활하게 진행된 것은 아니었던 것으로 보인다. 소송이 진행되는 도중에 당사자가 제대로 재판정에 출석하지도 않았고, 설사 출석하였더라도 출석한 당사가가 제대로 심리에 응하지 않아 소송이 지체되는 상황이 반복되었다. 따라서 소송심리의 지연에 대한 대책 마련이 시급하였다. 이에 따라 먼저 한성부에서는, 피고가 한성부에 거주해 있을 경우 20일, 가까운 곳에 인접해 있는 도(道)에 거주해 있을 경우 1개월, 멀리 위치한 도(道)에 거주해 있을 경우에는 2개월 안에 소에 응하지 않으면 원고에게 승소를 언도하게 하는 법령을 시행하였다<태조 6년 7월>. 이후에는 원, 피고 중에서 패소할 것을 알고 소송개시 시부터 3개월 내에 이유 없이 재판정에 출석하지 않고 30일을 경과한 경우에는 계속 출석한 자에게 승소판결을 하도록 하였다<세조 9년 11월>.

경국대전(經國大典)에서는 3개월이 50일로 단축되고 계속 재판정에 출석한 자는 반드시 그때마다 서명함으로써 출석의 사실을 입증토록 하였는 바, 이러한 법을 '친착결절법(親着決折法)'이라 하였다. 이 법 조문의 해석과 적용에 있어 그 논란이 있었는바, '속대전(續大典)'에서는 그때까지의 법령과 운용례를 다시 정리하였다.[49]

그러나 '친착결절법(親着決折法)'은 춘분일(春分日)로부터 송사

---

49) 속대전에서는, "소송개시 후 50일의 기한은 관이 개정하지 않는 일수를 제하고 계산한다. 50일 내에 출석하지 않고 30일을 경과한 경우에는 출석하여 서명한 자에게 승소하게 하는 법은 '경국대전'에 규정되어 있는바, 만 50일이 지나는 것을 기다리지 말고 판결하여야 한다. 가령 갑이 30일이 지날 때까지 출석하지 않으면 을의 출석이 만 30일이 차지 않더라도 을을 승소케 하는 것이다. 즉 을의 출석서명일수가 반드시 21일에 이르고 갑의 불출석일이 만 30일이 된 연후에 을이 승소한다는 것이다. 을의 출석일인 21일과 갑의 불출석일인 30일은 갑, 을이 다 같이 출석하지 않는 일수도 합계한다. 또한 갑이 변론에서 패하여 퇴장하여 출석하지 않은 경우에 을의 출석일수가 근 21일이 되면 설사 갑이 하루 이틀 출석했더라도 그것을 을의 출석일수에서 제하지 않아야 하며 갑이 간혹 출석했더라도 출석일수로 계산해서는 아니 된다."고 규정하였다.

를 멈춘(정송: 停訟) 후 추분일(秋分日)에 속개되는 경우에는 적용되지 않았기 때문에 불리한 자가 이를 이유삼아 소송을 지연(체송: 滯訟)시키는 것을 일삼게 되었다.

이에 따라 이후부터는 추분일부터 정송인(停訟人: 송사를 멈추는 자) 거주지의 멀고 가까움을 고려하여 출석에 소요되는 일수를 제외하고 '친착결절법(親着決折法)'을 적용하였다<명종 8년 9월>.[50]

민사소송절차에서의 변론 및 증거조사

원, 피고는 당사자진행주의에 따라 자유롭게 자기의 주장을 펴며 공격 및 방어를 할 수 있었다. 또한 자기의 주장을 정당화하기 위한 모든 증거를 제출하며 제한 없이 변론할 수 있었다. 분쟁이 발생하면 서로 문서로써 자기 권리의 정당성을 주장하며 재판을 하게 되는데, 서증(書證: 문서를 통한 입증)의 유무, 진정(眞正) 여부에 따라 승패가 좌우되었다. 따라서 서증에 따라 판결하라는 '종문권시행(從文券施行)' 원칙은 재판에 있어서 절대적 지침이었다.

증거(證據)로 문서가 제출되면 그 내용을 확인하고 원·피고로부터 서명을 받는다. 이 경우에 문서의 진위(眞僞)는 다툼의 대상이 되지 않는, 즉 증명을 필요로 하지 않는 사실(불요증사실: 不要證事實)로 된다. 소송에서 위조문서가 제출되는 일이 잦았고, 상대방이 제출한 문서의 진위에 대한 부정은 일반적인 것이었기에 문서가 틀림없이 확실하다는 것에 대한 확인은 가장 기본적인 절차였다.[51]

---

50) 그러나 소송을 진행시키면서 증거의 보완, 부모상 등 부득이한 사유가 있는 경우에는 관사의 허가를 얻어 기일을 연장하는 것이 얼마든지 가능했고 이러한 경우에는 '친착결절법(親着決折法)'이 적용되지 아니하였다.

51) 임상혁, 57쪽: 재판의 세부지침으로서 이용되었던 '청송식'에는 이 서증의 위조, 변조를 막

'결송입안(決訟立案: 판결문)'에는 당사자가 제출한 모든 서증을 일자순(日字順)에 따라 그 전문을 기재하도록 하였다. 이를 통해 누구나 그 판결의 객관적 정당성을 판단하는 것이 가능하였다.

서증(書證) 외에 인증(人證: 인적 증거)도 중요하지만, 일반적으로 객관성이 적으므로 인증은 보충적·2차적인 의미를 가졌다. 따라서 당시에는 서증이 인증에 비해 우위를 점하였다.

인증(人證)과 관련하여서는 재미있는 이야기가 전해져 온다. 당시 서울의 왕십리에는 강원도지방에서 번(番: 백성이 맡은 바 역(役)을 치르는 일) 서기를 위해서 상경한 군인들이 많이 살고 있었는데, 초기에는 움막을 짓고 살다가 차차 형세가 늘면서 초가집을 짓고 살게 되었다. 그런데 이들 중 상당수가 후에 집을 사고팔면서 매매계약서인 문기(文記: 名文)를 작성하지 않고 서로 말로써 행하는 것이 관행시되면서 계속되는 매매에도 불구하고 권리의 존재를 증명할 수 있는 권원문서(權原文書)가 존재하지 않았다. 즉 집문서가 없는 집이었던 것이다.

그런데 언제부터인가 말로써 매매계약을 체결한 뒤 동네아이들을 그 집으로 불러 아이마다 엿을 나누어 주면서 "이 집은 얼마의 값에 누구에게 팔았다. 앞으로 집주인은 아무개다."라는 것을 알려 주는 관행이 생겨나게 되었다. 아이들은 매매된 집에 와서 매도인과 매수인으로부터 엿을 얻어먹은 사실과 그 인상을 통하여 집주인이 바뀐 사실을 기억하게 됨과 동시에 매매와 관련한 증인이 되었던 것이다.

따라서 가옥의 매매사실, 권리관계에 관하여 분쟁이 발생하면 엿을 먹은 아이들의 입을 통하여 집주인이 합법적으로 바뀐 사실이 전파되어 공시되고 사람들은 그 사실을 인정하게 되었다. 이렇게 해서 '엿

___

고 가려내기 위한 16가지의 세칙이 적혀 있다.

을 먹었는데' 하면 '일이 끝났다', '증거가 있다'는 것을 의미하게 되었고, 결국 이를 근거로 하여 입지(立旨)를 얻는 것이 가능해졌다.[52]

민사소송절차의 종료 및 판결

양 당사자의 변론과 증거제출이 완료되면 결송(決訟)다짐을 하게 되는데, 이는 오늘날의 변론종결(辯論終結)에 해당하는 것이다. 이는 "저희들이 소송한 것을 각자의 다짐을 상고하여 관식(官式: 관청에서 하는 방식)에 따라 처분하여 주십시오."라는 식으로 판결을 신청하는 것을 말한다.

결송다짐이 있은 후에는 심판의 대상을 기록한 다음 서명하여 확인한다. 결송다짐과 심판대상의 확정으로 당사자의 모든 소송행위가 끝나게 되고 판결을 위한 법원의 행위만이 남게 된다. 빠뜨리고 하지 않은 말이나 제출하지 않은 증거가 있는 경우에는, 판결이 내려지기 전에 진술서를 제출하기도 했는데, 이를 추정소지(追呈所持)라 하였다.

결송다짐이 제출되면 수령이나 담당관리가 판결을 내리게 되는데, 때로는 화해를 유도하여 화해를 성사시키기도 한다. 한성부나 형조에서 판결을 하는 경우에 이들은 합의제 관청이므로 당상관과 당하관이 합의에 의하여 결정하였다(보통 3명). 지방수령의 경우는 단독

---

52) 박병호, 284~285쪽: 이 이야기는 1964년 6월 19일 당시의 HLKY 라디오에서 김화진 옹(翁)과 이상노 씨의 대담으로 엮어 연속된 '이야기의 샘'에서 청취된 것을 각색한 것이다. 여기에서 성인(成人)인 이웃사람의 입회하에 매매해도 될 것을 어린아이를 이용한 것은 그럴 만한 이유가 있었다. 성인의 경우에는 그렇게 많은 수를 동원하기가 어려웠거니와 위증의 가능성이 많았기에 거짓말을 할 줄 모르는 순진하고 사실을 오래 기억할 수 있는 어린아이를 이용한 것이었다. 또한 당시에 어린아이의 일상적 군것질로서는 엿이 거의 유일한 것이었다 할 수 있는데, 그렇다고 해서 아이들이 날마다 엿을 먹을 수 있는 처지는 아니었기에 어린아이와 엿을 택하였음은 매우 현명한 생활의 지혜가 아니었나 싶다.

으로 결정하여 먼저 언도하고 다음에 승소자가 판결문을 신청하면 법전소정의 판결을 문서로 발급하였다. 입안(立案)을 받으려면 승소자가 입안수수료인 '작지(作紙)'를 납부해야 하는데 이는 소송목적의 값(소송물가액(訴訟物價額): 소가(訴價))에 따라 달랐다.

판결[53] 언도(言渡) 후 입안발급(立案發給) 사이에는 시일의 간격이 있게 마련인데 언도 후 재판관이 경질되면 후임관은 전임관이 내린 판결 그대로 입안(立案)을 작성해서 발급하였다. 패소자가 억울함을 호소하는 경우에는 다시 처음부터 신임관(新任官)에게 소송을 제기하여야 했다.

입안의 내용은 최초의 소지에서 마지막에 이르기까지 당사자가 제출한 모든 소지, 제시된 모든 서증(書證), 이들에 대한 재판관의 중간결정을 하나도 빠짐없이 원문 그대로 일자순에 따라 모두 기재하고 마지막에 판결사항을 기재하였다. 물론 검증(檢證)[54] 및 증인신문(證人訊問) 사항도 모두 기재하였다.

입안은 승소자(勝訴者)에게 발급한 것과 같은 원본이 관사에 비치되어 있으므로 후에 승소자가 입안(立案)을 분실하였을 경우라도 등본발급신청을 하면 '등급(謄給)'을 발급해 주었다.

상소와 의송제도

세 번까지 제소(提訴)가 가능하였는데

그중 두 번을 승소(勝訴)하면 그 내용대로 확정되었다.

---

53) 민사판결을 '결송입안(決訟立案)', '결절입안(決折立案)' 또는 '단결입안(斷決立案)'이라고도 하였다.
54) 법관이 그 오관(五觀)의 작용에 의해 직접적으로 사물의 성상(性狀), 현상(現狀)을 검사하여 그 결과를 증거자료로 하는 증거조사를 말한다.

조선시대에도 역시 자신에게 내려진 판결에 불복(不服)할 경우 상급기관에 호소하여 그 시정을 구할 수 있었다. 지방의 경우는 관찰사에게, 형조는 지방에서 올라온 소송에 대하여 스스로 판결하기도 하였고, 노비의 건이면 장예원으로, 전답의 건이면 한성부로 보내 심리토록 하였다. 사헌부는 억울함을 호소하는 경우에 상급심 역할을 하였고 임금에게까지 호소할 수 있는 길을 열어 놓았다.

항소심의 재판이 같은 기관 또는 같은 심급에서 이루어짐을 볼 수 있는데, 중앙에서는 판결에 불복할 경우 원칙적으로 판결한 당상관이나 방장이 교체된 뒤 2년 안에 다시 제소토록 하고 있다. 지방에서는 수령이 바뀌면 다시 제소하였다.

특히 관찰사나 경차관(敬差官: 지방에 임시로 보내어 전곡(田穀)의 손실을 조사하고 민정을 살피게 한 벼슬)에게 하는 의송(議送)은 수령에게 진정·청원하였으나 받아들여지지 않아 상급 관청에 호소하는 경우와 민사사건에서 항소하거나 또는 수령에게서 패소판결을 받고 이에 불복하여 다시 관찰사에게 상소하는 경우 등을 총칭하는 개념이었다. 이렇듯 의송은 소송사건 이외에도 억울함을 풀기 위한 상급관청에의 일반적인 불복방법으로 이용되었던 것으로 보인다.

의송의 경우 대체로 스스로 재판하기(자판: 自判)보다는 원심으로 돌려보내거나(파기환송: 破棄還送), 다른 고을의 수령에게 심리토록 하였다. 그 후 다시 행하여진 재판에서도 만족을 얻지 못하면 또다시 관찰사나 경차관에게 상소하였고 이 과정은 여러 번 반복될 수 있었다.[55]

당시에는 기판력(旣判力: 확정된 재판의 판단 내용이 소송 당사자 및 같은 사항을 다루는 다른 법원을 구속하여, 그 판단 내용에 어긋나는 주장이나 판단을 할 수 없게 하는

---

[55] 관찰사는 원, 피고를 불러 심리하지 않고 판결의 지침만을 제시할 뿐이므로, 사실심은 수령의 단계에서 이루어지게 된다.

소송법적인 효력)이라는 개념이 없었고, 세 번까지 제소가 가능하였으며 그중 두 번을 승소하면 그 내용대로 확정되었다(三度得伸法).56) 그러나 초기의 3도득신(三度得伸)의 운용에 있어서는 그 통일이 이루어지지 아니하였다. 즉 3도득신이라는 것이 일방이 세 번 승소한 경우를 뜻하는 것인지 아니면 일방이 두 번 승소하고 타방이 한 번 승소한 경우를 뜻하는 것인지 명백하지 않았다. 전자로 해석하는 경우에 패소한 타방은 상대방이 두 번 승소한 후에 한 번 제소할 수 있는 것으로 되고, 후자로 해석하면 제소하지 못하는 것으로 되기 때문이었다.

이러한 문제점은 이후 효종 2년(1651)에 통산하여 세 번의 소송에서 일방이 두 번 승소하는 것으로 하고 두 번 패소한 자는 다시 제소할 수 없는 것으로 확정되었다. 이로서 민사소송에서의 삼판양승법(三判兩勝法)이 확립되었다.

메시지 3: 감정을 철저히 배제하자

분쟁 해결을 위해서는 먼저 철저히 감정의 개입을 차단하여야 한다. 철저히 감정을 배제하고 냉정하게 이성적으로 문제의 해결을 위해 접근하는 자세를 가져야 한다. 분쟁해결을 위한 참된 지혜는 냉정함으로부터 더욱 빛날 수 있다.

앞서 소개하였듯이 우리나라에서의 전통적 소송은 다름 아닌 인간관계가 파괴된 사람끼리의 끝장을 보는 싸움이었음을 알 수 있다. 즉 송사가 패가망신이라는 것을 알면서도 극단을 치달았던 것이다. 이러한 감정개입을 통한 분쟁해결은 이미 분쟁의 해결이라 할 수 없다. 당사자 간에 서로 치유가 불가능하게 되기 때문이다.

---

56) 삼도득신법(三度得伸法)은 판결의 반복을 합리적으로 제한하기 위한 것으로 고려 말의 5결종3도(5決從3度) 3결종2도(3決從2度)의 원칙을 바탕으로 발전한 것이다.

제3. 범죄와 관련한 수사 및 형사재판절차

"항상 형벌(刑罰)을 삼가는 마음을 지니라. 한 사람이라도 형장(刑杖)을 맞고 죽으면 반드시 측은(惻隱)해하는 마음을 가지고, 항상 무죄(無罪)한 자(者)를 죽이는 것보다는 차라리 실형(實刑)의 책임(責任)을 받는다는 생각을 가지면 된다."

"경기도 안성 땅에 살던 김말봉은 토지 소유권 문제로 이웃에 살던 최박달과 다툼이 잦았다. 그러던 중 우연히 다른 사소한 문제로 시비가 붙었는데, 화가 치민 김가가 자기 집에 있는 몽둥이로 최가를 폭행하여 팔과 다리를 부러뜨리는 중한 부상을 입히게 되었다. 이에 최가가 김가를 관에 고소하였다."

1. 어떠한 범죄를 저질렀을까? - 범죄유형

고대로부터 전해져 온 우리의 범죄에 대한 기록은 고조선시대로 거슬러 올라간다. 고조선시대의 8조법금은 중국의 한서 지리지에서 전하고 있는데, 현재 3개 조목만 전하고 있다. 여기에 나타난 범죄는 살인죄, 상해죄, 절도죄이다. 부여시대에는 4조목의 법이 있었는데, 여기에서는 살인죄, 절도죄, 간음죄, 투기죄의 범죄유형을 볼 수 있다.

조선시대에는 과연 어떠하였을까! 당시의 여러 법전에 규정된 범죄로는 살인죄(殺人罪)·상해죄(傷害罪)·절도죄(竊盜罪)·수뢰죄(受賂罪)·간범죄(刊犯罪)[57]·투구죄(鬪毆罪)[58]·매리죄(罵詈罪)[59]·도박죄(賭博罪)·무고죄(誣告罪)·관리(官吏)에 대한 죄(罪) 등이 있었다.[60]

또한 옛 중국에서 비롯한 것으로 형법상 죄질이 가장 악질적이고 도의적으로도 가장 비난받아야 할 열 가지의 특별한 중죄(重罪)로서 십악(十惡)이란 것이 있었다. 이는 동양 전근대사회에 공통되는 국가사회의 근본도덕, 즉 신분사회의 기본질서를 중시하는 유교도덕에서 비롯한 것이다.

조선시대 율(律)의 총칙편이라 할 수 있는 명례율(名例律)에 규정되어 있던 십악(十惡)에 해당하는 범죄로는 모반죄(謀反罪), 모대역죄(謀大逆罪), 모반죄(謀叛罪), 악역죄(惡逆罪), 부도죄(不道罪), 대불경죄(大不敬罪), 불효죄(不孝罪), 불목죄(不睦罪), 불의죄(不義罪), 내란죄(內亂罪)가 있었다.[61]

이러한 죄를 지은 자에 대해서는 법률상의 은전감형(恩典減刑)이

---

57) 남의 일에 간섭하여 그 권리를 침범하는 죄.
58) 서로 다투거나 싸우며 때림으로부터 비롯하는 죄.
59) 남을 욕하고 꾸짖어 비롯하는 죄.
60) 조선은 중국의 명률(明律)을 이어받아 조선 형편에 맞도록 의용(依用)하는 한편 경국대전(經國大典, 1469) 속대전(續大典, 1746), 대전통편(大典通編, 1785), 대전회통(大典會通, 1865) 등의 고유법전을 제정, 시행하였다. 이러한 조선 고유의 법률은 명률보다 우선적으로 시행되는 특별법의 지위를 갖고 있었다.
61) 박병호, 295~298쪽 참조.

나 속전(贖錢: 죄를 벗기 위하여 바치는 돈)의 특전은 물론 상사(常赦: 일상적인 사면)에 의해서도 면죄되지 아니하였다. 또한 악역(惡逆) 이상의 범죄 시에는 추분(秋分)을 기다리지 않고 사형을 집행토록 하였다.

당시의 형벌권행사의 목적은 이러한 범죄로부터 사회질서를 유지하는 것이었다. 따라서 당시의 사회질서가 위계질서를 가장 큰 특징으로 하고 있었고 낮은 지위에 있는 사람은 항상 높은 지위를 넘보고 도전하려는 성향을 가지게 마련이었기에, 이러한 행위에 대하여 형벌을 통한 강한 응징의 필요성이 요구되었던 것이다.

〈표 4〉 ■ 십악죄(十惡罪) ■

죄 명	내 용	형 벌
모 반 죄 (謀反罪)	국가를 위태롭게 해서 멸망케 하려고 음모하는 것으로, 쿠데타나 혁명을 모의하는 죄.	· 정범(正犯), 종범(從犯)을 가리지 않고 모두 능지처사(陵遲處死)에 처함. · 죄인의 부(父)와 16세 이상의 아들은 모두 교형(絞刑)에 처함.
모대역죄 (謀大逆罪)	역대 제왕의 위폐를 모시고 봉사하는 곳인 종묘, 제왕의 능 또는 궁궐을 파괴할 것을 음모하는 죄.	· 15세 미만인 아들과 모(母), 딸, 처첩, 형제자매, 이들의 처첩(妻妾)들은 공신가의 종으로 만들었고 모든 재산을 몰수함. · 80세 이상이거나 중병인 남자와 60세 이상이거나 발질에 걸린 여자는 연좌(緣坐)를 면함. · 죄인의 삼촌(백숙부)과 조카는 호적의 이동(異同)을 불문하고 유 3천 리 안치)형에 처하였고 이들이 죄인과 동거하고 있는 경우에는 그 재산도 몰수함.
모 반 죄 (謀叛罪)	나라를 배반하고 외국과 몰래 통하여 매국할 것을 음모하는 죄.	· 공모자는 모두 참형(斬刑)에 처함. 처첩과 자녀는 공신가의 종으로 만들었고 재산을 몰수함. · 부모, 조부, 손자, 형제는 모두 유 3천 리 안치(安置)에 처함.

죄 명	내 용	형 벌
악 역 죄 **(惡逆罪)**	①조부모, 부모, 시조부모, 시부모를 때리거나 죽이려고 음모하거나 ②백숙부모, 고모, 형과 누이동생, 외조부모 및 남편을 죽인 죄.	①의 경우에 구타는 참형, 구타하여 죽게 한 경우에는 능지처사에 처함. 과실로 죽게 한 경우는 장 100 유 3천 리, 과실로 부상을 입게 한 경우에는 장 100 도 3년에 처함. 모살(謀殺)의 경우에는 참형에, 살해하면 능지처사에 처함. ②의 경우에는 참형에 처함.
부 도 죄 **(不道罪)**	①한집에서 사형에 해당하는 죄를 지은 사람이 아닌 자 3인을 살해하거나 사람을 살해하여 사지(四肢)를 절단하거나 분해하는 경우 ②사람을 살해하여 생담(生膽), 이목(耳目), 장부(臟剖)를 빼어내는 경우 ③뱀, 지네, 두꺼비 등의 독기나 독액을 만들어 사람을 살해하거나 살해할 것을 교사하는 것과 부적을 만들어 저주함으로써 사람을 살해하거나 병에 걸리게 하는 경우를 말한다.	①의 경우는 능지처사에 처하였으며 죄인의 재산을 몰수하여 죽은 자의 집에 주도록 함. 죄인의 처자(妻子)는 유 3천 리 형에 처함. ②의 경우는 죄인은 능지처참하였고 재산을 몰수하여 죽은 자의 집에 줌. 처자(妻子)와 동거가족은 그 정을 몰랐더라도 유 3천 리 안치에 처함. ③의 경우는 참형에 처하였으며 재산을 몰수함. 처자(妻子)와 동거가족은 그 정을 몰랐다 하더라도 유 2천 리 안치에 처함.
대불경죄 **(大不敬罪)**	①왕실의 대묘(시조묘, 종묘, 태묘)나 능묘의 제사에 사용하는 물건과 왕이 타는 수레, 가마, 왕이 입는 옷이나 쓰는 물건을 훔치는 경우. ②옥쇄(玉碎)를 훔치거나 위조하는 경우. ③왕이 복용하는 어약을 잘못하여 처방대로 조제하지 않거나 약봉지의 제목을 잘못 쓰는 경우. ④왕의 식사를 마련하는 데 잘못하여 정해진 규범대로 하지 않는 경우. ⑤왕이 타는 배를 잘못하여 견고하게 만들지 아니하는 경우의 죄를 말함.	①, ②의 경우에는 참형에 처함. ③의 경우는 장 100. ④의 경우는 태 50 내지 장 100. ⑤의 경우는 태 60 내지 장 100에 처함.

죄 명	내 용	형 벌
불효죄 (不孝罪)	①조부모, 부모, 시조부모, 부모를 고소하거나 악담·욕설하는 경우. ②조부모·부모가 생존해 있는데도 호적을 달리하여 재산을 분재하는 경우. ③조부모·부모를 봉양할 능력이 있음에도 불구하고 봉양을 소홀히 하는 경우. ④부모의 상(喪) 중에 혼인하거나 풍악을 즐기거나 상복을 벗고 평상복을 입는 경우. ⑤조부모·부모가 죽었다는 기별을 듣고도 이를 감추고 초상이 난 것을 발표하지 않거나 조부모·부모가 사망한 것처럼 거짓말을 하는 경우 등의 죄.	①의 경우에는 고소하면 장 100 도 3년이며, 무고(誣告)하면 교형에 처함. 악담·욕설하는 경우 피해자가 이를 직접 고소하는 경우에 한하여 교형에 처함. ②의 경우는 장 100이며, 상(喪) 중에 호적을 달리하여 재물을 취하면(別籍理財) 장 80에 처함. ③의 경우에는 장 100에 처함. ④의 경우에는 장 80 내지 100에 처함. ⑤의 경우에는 초상이 난 것을 발표하지 않으면 장 60 도 1년, 거짓말을 한 경우에는 장 100에 처함.
불목죄 (不睦罪)	①8촌 이내의 근친을 살해하려고 음모하거나, ② 남편과 4촌 이내의 존속과 연장자 및 6촌 이내의 존속을 구타하거나 고소하는 죄.	①의 경우에 모살(謀殺)이면 장 100 유 2천 리이며, 웃어른의 항렬이 낮거나 나이가 어린 사람(卑幼)에 대한 죄는 경감함. ②의 경우 남편을 구타하면 남편이 고소한 경우에 한하여 장 100에 처하고 이혼을 원하면 허가함. 남편을 고소하면 장 100 도 3년이며 무고하면 교형에 처함. 기타 근친인 경우에는 4촌 이내 친(親)을 구타하면 장 70 도 1년 반 내지 장 80 도 2년에 처함. 만약 고소하면 장 90 내지 100에 처함. 6촌 이내의 직계 또는 가까운 친척(親)을 구타하면 장 60 도 1년 내지 장 70 도 1년 반에 처함. 만약 고소하면 장 80에 처함.

죄 명	내 용	형 벌
불 의 죄 (不義罪)	①관내의 인민이 부, 주, 현 등의 관장을 살해하는 경우. ②군사가 직속상관을 살해하는 경우. ③하급관리나 군졸 등이 소관 5품 이상의 관원을 살해하는 것 및 자기가 수업한 스승을 살해하는 경우. ④남편의 상(喪)을 듣고도 초상이 난 것을 발표하지 않으며 풍악을 즐기며 부모의 상(喪)(거상: 居喪) 중에 상복을 벗고 평상복을 입는 것과 개가(改嫁)하는 경우 등의 죄를 말함.	①내지 ③의 경우는 장 100 도 2년에 처함. 만약부상을 당하게 되면 교형에, 죽게 된 경우에는 참형에 처함. ④의 경우는 장 80 내지 장 60 도 1년이며 개가(改嫁)하면 장 100에 처함.
내 란 죄 (內亂罪)	6촌 이내의 근친, 부(父)나 조(祖)의 첩(妾)을 범간(犯姦)하거나 화간(和姦)한 죄.	· 강간(强姦)한 경우는 참형, 화간한 경우는 교형에 처함. · 첩(妾)인 경우에는 일등(一等)을 감함.

2. 수사(搜査)의 주체

형사에 관한 절차는 관련 당사자의 고소, 고발 그리고 수사기관의 범죄 인지(認知) 및 적발 등에 의해 시작되었다. 조선시대는 형벌권의 행사가 국가에 의해 주도되었던 시기였기에 사형(私刑)이 일상생활에서 완전히 추방된 것은 아니었으나 공적(公的)인 기관을 통한 수사 및 재판절차가 어느 정도 그 기틀을 잡은 시기였다고 할 수 있다.

조선시대 수사기관으로서 중앙에는 포도청이 있었고, 지방에서는 관찰사나 지방수령이 그 역할을 담당하였다.

포도청

중앙에 있었던 포도청은 "도적(盜賊)과 간사(奸詐)한 짓을 하는 자를 잡으며 시각에 맞춰 순찰을 도는 업무를 관장함"이라고 기록한 속대전(續大典)의 내용에 의해 그 역할이 무엇인가를 알 수 있다. 그 조직으로는 좌·우포도청이 있었으며 도성 내외를 관할하였다.

본래 포도청(捕盜廳)은 초기에 상설기관이 아니었던 것으로 보인다. 도적이 많아지게 되면 그때그때 임시로 포도장(捕盜將)을 임명하고 경찰군(警察軍)을 편성하여 도둑을 잡아들이는 일(포도: 捕盜)에 종사케 하였다. 진압경찰인 포도장의 임무는 순찰과 같은 예방적인 경찰업무에 비하여 그 업무가 양적으로 적었고 또한 단순하였다. 그러나 성종에서 명종에 이르기까지의 수대에 걸쳐 각처에서 일어나는 도적을 잡기 위하여 자주 포도장을 임명하게 되었고 그 설치와 폐지를 거듭하다 결국 폐지하지 못하고 그냥 두게 된 것으로 보인다(중종 23년경으로 추정).

포도청(捕盜廳)에는 포도대장을 비롯하여 흔히 포교(捕校)라 불리는 부장(部將) 또는 군관(軍官)들 그리고 포졸(捕卒)의 관원이 있었다. 포도대장은 종2품 무관직으로 좌포도청, 우포도청에 각각 1명씩 두었다. 그 임명은 한성부의 좌윤(左尹)·우윤(右尹)을 역임한 문관을 후보자로 추천하여 임명하였다.

또한 여자 비밀경찰로서 다모(茶母)가 있었는데 현재 여자경찰의 선구라 할 수 있다. 다모는 포도청에만 있었던 것은 아니었고 형조와 의금부 등에도 있었던 것으로 보인다.[62] 그 임무는 여자 도적을

---

62) 포도청이나 의금부에 직제상으로는 다모라는 것이 없었지만, 역사상 중요한 사건에 곧잘 다모가 등장하였다고 한다. 그 예로 인조반정 때 공을 세우고 후에 영의정을 지낸 심기원이 역모를 꾀하였을 때 심기원의 집을 수색한 것이 다모였다고 한다. 또한 선조 22년(1589년) 정

잡는다든가 양반집을 수색하는 것 등이었는데, 당시에는 내외의 법도가 엄해서 여자 범죄자를 남자가 다룰 수 없었으므로 당연히 다모의 존재가 필요하였을 것이다. 또한 남의 집 안채는 남자가 들어가지 못하게 되어 있었으므로 여자인 다모를 활용하여 사대부의 집 내부까지 들어갈 수가 있었다.63)

지방의 수령

조선시대의 지방수령은 그 지방의 전권을 장악하고 있었는데, 재판·세무·경찰 등의 권한은 수령의 고유 기능이었다. 수령의 경찰사무 집행에 관한 구체적인 기록은 찾아볼 수 없으나, 다만 수령 밑에 중앙정부와 같이 이(吏)·호(戶)·예(禮)·병(兵)·형(刑)·공(工)의 육방(六房)을 두고 병방(兵房)과 형방(刑房)에 배치된 군교(軍校)·사령(使令)·나졸(羅卒) 등이 경찰사무를 취급했던 것으로 보인다.

여립의 난 때 억울하게 잡혀 와서 죽임을 당한 최영경이란 사람을 문초하는 기록에 다모가 그를 잡아 왔다는 대목이 보인다.

63) 문헌에 의해 확인된 바는 아니나 다모가 되기 위한 자격조건으로는 먼저 키가 5척(150㎝)을 넘어야 했다. 또한 쌀 닷 말(대략 40㎏)쯤을 가볍게 번쩍 들어야 하고, 막걸리를 먹더라도 세 사발은 숨도 안 쉬고 단번에 마셔야 할 정도의 술 실력을 가져야 다모가 될 자격이 주어졌다고 한다.

〈표 5〉 ■ 포도청의 관할과 구성 ■

구 성	관할 구역
중 앙 · 중앙에는 종2품 무관직으로 좌포도청과 우포도청에 각각 1명씩의 포도대장이 있었다. 또한 흔히 포교(捕校)라 칭하여지는 부장(部將) 또는 군관(軍官)들 그리고 포졸(捕卒)이 있었음. 포도대장이 왕릉으로 거동하는 임금을 수행할 경우에는 그 직책을 임시로 대행할 자를 전직 또는 현직의 장수 중에서 병조(兵曹)의 추천을 받아 임명하기도 함. · 포교나 포졸들은 통부(通符: 의금부, 병조, 형조, 한성부의 입직관이나 포도청의 종사관과 군관이 범인을 잡는 증표로 차던 부찰)라는 신분증을 휴대하고 근무함. **지 방** · 방백(方伯), 수령(守令)과 토포사(討捕使) 및 정보경찰로서의 찰방(察訪)으로 나눌 수 있음. · 이들은 지방경찰(자치경찰)의 개념과는 물론 다르며 지방에 있는 중앙(국가) 경찰이라고 할 수 있음. · 포도(捕盜)의 전임관청으로서의 토포사(討捕使)는 전임관이 임명되지 않았음. 초기에는 일부 수령으로 하여금 겸임토록 하였으나, 후에는 진영장(鎭營將: 각 진영의 으뜸 장수)이 겸임토록 함.[64]	**좌포도청(左捕盜廳)** · 위치: 현재의 종로구 단성사 자리<한성중부 정선방 파자교 동북(漢城中部 貞善坊 把字橋 東北)>. · 관할 구역: 한성의 동부, 남부, 중부 및 경기좌(左)도 **우포도청(右捕盜廳)** · 위치: 현재의 종로구 광화문우체국 자리<한성서부 서린방 혜정교남(漢城西部 瑞麟坊 惠政橋南)>. · 관할 구역: 한성의 서부, 북부 및 경기우(右)도. · 1894년에 좌·우포도청이 합쳐져 경무청으로 됨.

---

64) 성종 2년 5월에 황해도와 경기에 도적이 일어 조한신을 황해도 토포사로, 홍리노를 경기도 토포사로 임명한 기록이 보인다.

근엄한 표정의 포도대장

3. 검시제도

검시절차 - 삼검제(三檢制)

조선시대에는 증거를 확보하기 위한 일환으로 세 차례에 걸쳐 검시(檢屍)하는 것을 원칙으로 하였는데 이를 삼검제(三檢制)라 한다. 이는 초검(初檢)·복검(覆檢)·삼검(三檢)으로 이루어지는데, 경우에 따라서는 사검(四檢)·오검(五檢)을 행하기도 하였다. 삼검제는 세종 때부터 시행된 것으로 보이며, 성종 때 나온 경국대전(經國大典) 예전(禮典)에서 성문화되었다. 당시에는 부모에게서 물려받은 몸을 훼손할 수 없다는 인식이 강해 시신의 겉모습만으로 수사하지 않으면 안 되었으므로, 그만큼 그 원인을 규명하는 것이 어려울 수밖에 없었다. 따라서 시신을 해부하여 검사하는 부검(剖檢)이 어려웠던 당시로서는 검시에서 생길 수 있는 잘못을 최소화하기 위해 여러 번 검시할 수밖에 없었던 것으로 보인다.

경국대전에서 규정하고 있는 삼검(또는 사검·오검)의 내용을 살펴보면 다음과 같다.[65] 첫째, 초검(初檢)은 시신이 있는 곳의 지방관이 제1차의 시신검험을 행한 후 무원록(無冤錄)의 형식에 의하여 검안서(檢案書)를 만들어 상부관에게 제출한다.

둘째, 복검(覆檢)은 초검관(初檢官)이 인근 지방관에게 제2차의 검험, 즉 복검을 위촉하였는데, 이 역시 초검과 같은 절차로 시행되었다. 초검관은 자신의 검험 결과를 복검관에게 누설해서는 안 되며, 독자적인 검안서를 만들어 상부관에게 제출하였다. 상부관에게 제출

---

65) 심희기, 한국법제사강의, 서울: 삼영사, 1997, 244쪽 이하.

된 초검관·복검관의 검안 의견이 일치하면, 이로써 사건의 종말이 대개 결정된다. 그러나 만약 두 검관의 의견이 같지 않거나, 그들의 검험에 의혹이 있을 때는 상부관이 다시 삼검을 명한다.

셋째, 삼검(三檢)·사검(四檢) 또는 오사(五査)·육사(六査)는 중앙의 형조에서 낭관(郎官)을 파견하고, 지방에서는 관찰사가 적합한 인원을 차출하여 이들이 다시 점검을 행하는 경우이다. 이들은 검안 후에 초검관·복검관의 검안서를 참작하여 최후의 판정을 내리게 된다.

삼검에 따른 인명치사 판결의 책임은 1차로 중앙에서는 한성부, 지방에서는 관찰사가 졌으며, 2차 책임은 중앙의 사헌부에 있었다. 때에 따라서는 3차로 국왕에게 상소할 수 있었는데 그 수속 절차가 매우 엄격하였다.

기본적인 검시방법

검시를 함에 있어 기본적으로 살펴야 할 것은 과연 무엇이었을까? 다음의 내용들이 신주무원록 등에서 가르치고 있는 기본사항이다. 먼저 시신의 위치를 살피고, 실내의 경우에는 사방으로부터의 거리를 측량하여야 했다. 춥고 더운데 따른 시신의 변동 상황을 살피고,[66] 혹 시신이 물속이나 좁고 어두운 곳에 있어 부득이 옮겨야 할 경우에는 그 연유를 기록하였다.

당시에는 부검을 제대로 하지 못하였으므로 시신을 외관(外觀)만으로 살피는 것이 강조되었다. 따라서 시신을 살필 경우에는 머리부터 발끝까지 차례로 내려가며 신체의 각 부위를 잘 살펴야 했다. 조사해야 할 신체의 각 부위는 앞부분 50개 부위와 뒷부분 26개 부위 등 전체 합하여 76개의 부위이다. 살필 때에는 얼굴 색깔이 어떠하

---

66) 김호(역), 신주무원록, 서울: 사계절출판사, 2003(이하 신주무원록이라 함), 권상 227쪽.

였으며, 눈을 떴는지 감았는지, 손을 쥐었는지 폈는지 하는 점 등이 강조되었다.[67] 또한 상처가 있는지 없는지, 상처가 있을 때에는 그 크기, 깊이, 길이, 넓이, 색깔모양, 상처의 발생 시기, 뼈의 검사, 상처부위의 급소 여부 등을 잘 살펴야 했다.

시신이 목을 매단 경우라면 목을 맨 허공의 높낮이, 그 장소가 목을 맬 만한지, 두 다리가 허공에 떠 있는지, 밟고 올라간 물건이 있는지, 목숨을 다툰 흔적이 있는지, 줄이나 끈으로 목을 맨 경우에는 줄이나 끈의 둘레나 직경을 살펴야 했다.

물에 빠져 죽은 경우에는 수심의 깊이나 수면의 넓고 좁음을 측량해야 했다.

시신이 불에 탄 경우에 만약 재 속에 있다면 주변의 재들을 청소한 후 시신을 뒤집어 가며 시신이 닿았던 곳에 재나 불에 탄 흔적은 없었는지를 살펴야 했다.

구타로 인해 사망한 경우에는 치명적 상흔(傷痕)이 있는지 또는 시신 옆에 흉기가 있는지의 여부를 살펴야 했다.[68]

이러한 기본적인 사항은 오늘날에서도 유용하게 이용될 수 있는 내용이라 하겠다.

특히 검시할 때 조명(照明)의 활용과 관련해서는, 새로 기름칠한 비단이나, 기름칠을 해 반투명해진 우산을 이용하여 보고자 하는 곳을 가린 후, 날이 맑을 경우에는 햇빛을 향하여 우산을 그 사이에 두고 보았다. 그러나 날이 흐리고 비가 오는 날에는 숯불로 비추어 보았

---

67) 그러나 이러한 것은 오늘날에는 그다지 과학적인 것으로 평가되지 않고 있는데, 이는 검사방법이 객관적이지 못하였고 또한 재현 가능성이 낮기 때문이라 하겠다. 예를 들어 얼굴이 붉은 경우, 이를 적자(赤紫), 적흑(赤黑), 담홍적(淡紅赤), 미적(微赤), 미적황(微赤黃), 청적(青赤) 등으로 구분하였는데, 이는 보는 사람에 따라 달리 표현할 수도 있었고 시간이 지나면서 색이 달라질 수도 있기 때문이다.

68) 신주무원록, 권상 222~223쪽, 239쪽 이하.

다.[69] 이러한 조명의 활용은 현대의 검시요령에 비추어 볼 때에도 시신을 검사함에 있어 매우 중요한 의미를 갖는다. 가령 빛이 너무 강할 경우에는 반사되는 빛으로 인해 지장을 받게 되기도 하고, 또 너무 어두우면 잘 보이지 않아 상처의 유무를 간과하기 쉽기 때문이다.

따라서 적절한 조명이 시신을 검사하는 데에서는 중요한 의미를 갖는다. 당시에 새로 기름칠한 비단이나 기름칠해 반투명한 우산을 이용한 것은 빛을 가리되 너무 어둡게 하지는 말라는 뜻으로 보인다. 또 어두울 때에는 빛을 비추되 촛불처럼 중심 부위와 주변 부위의 차이가 큰 불빛보다는 숯불처럼 넓은 부위를 비슷하게 밝게 비추는 불빛을 이용하도록 권한 것은 그 나름의 과학적 타당성이 있다고 하겠다.

이러한 조선시대에 행하여졌던 여러 가지 검시방법과 관련한 예들이 보여 주듯이 당시 검시(檢視)에서의 기본원칙은 '정확성'과 '엄격함'이었다. 현재와 당시의 과학기술 환경과 수준이 다르기 때문에 당시의 검시방법을 현대의 검시절차에 그대로 적용할 수는 없다 할지라도 '신주무원록'이나 '증수무원록'에서 강조되고 있는 우리 조상들의 인권의식과 검시에 대한 철학만큼은 높이 살 만하다.

---

[69] 신주무원록, 권하 315쪽.

검시하는 모습

4. 형사재판의 기본원칙과 재판절차의 진행

기본원칙

형사재판기관은 민사재판에서와 마찬가지로 통치기구와 일치하고 최고의 재판기관은 국왕이었다. 또한 중앙정부의 형조판서와 의금부 판사, 서울의 한성부윤, 각 도의 관찰사 그리고 각 지방의 수령들(부사, 목사, 군수, 현령)이 재판업무를 주도하였다. 또한 행정 관료에 의해서 사회질서 유지를 위한 행정업무의 일환으로 재판이 이루어졌기 때문에 판결이 내려지면 판결은 그 즉시 집행력을 가지게 되었다. 그러나 판결의 기판력이라는 것이 존재하지 않아서 일단 집행된 판결이라고 하더라도 언제든지 그 결정이 바뀔 수 있었다.

형사재판을 할 때에는 기본원칙에 충실할 것이 요구되었다. 진실에 부합하는 공정한 재판 그리고 증거에 입각한 재판을 이상적인 것으로 보았다. 재판에 있어서 기본원칙으로 삼았고 역대 왕들이 반복적으로 강조해 왔던 것이 재판의 공정성이었다. 공정하고 진실한 재판 그리고 원통함이 없는 재판을 한다는 것은 상당히 어려운 일이었다. 그렇기에 재판관은 사안을 명확히 파악하고 형벌의 부과가 합당하게 이루어졌는지 그리고 형의 집행이 제대로 행하여지고 있는지에 대해 특별히 살피지 않으면 안 되었다. 이를 제대로 행하지 못한 재판관은 후에 큰 곤욕을 치러야 했다.

재판을 함에 있어 의심스러운 경우에는 반드시 먼저 물적 증거나 증언이 있어서 어긋남이 있을 경우에만 고문을 하였고 자백을 하지 않는 경우에는 증거가 있다고 할 수 없었다.

증인의 자백이나 진술이 명백해야만 원통하고 억울한 재판이 되지 않으므로 원칙적으로 명백한 증인의 증언이나 자백이 있어야만 심문을 하며 재판을 진행하였던 것이다.

이처럼 조선시대에는 증거가 없으면 유죄로 인정하는 재판을 할 수 없었으며, 고문도 원칙적으로는 할 수가 없었다. 임금의 경우 예외적으로 가볍게 심문하기도 하였으나, 이를 결코 합법적이라거나 당연한 것으로 보지는 아니하였다.

형사재판절차의 진행

형사재판절차에 있어서 신문은 조용히 말로 신문하는 것을 원칙으로 하였다(구신평문: 口訊平問). 또한 당시에는 규문주의(糾問主義)[70]를 취하고 있었기 때문에 피의자는 처음부터 죄인이라 불렸고, 그에 따른 취급을 받았다.

당시에는 인증(人證)이나 물증(物證)만으로 유죄를 입증하기에 충분하지 않았다. 유죄의 입증을 위해 절대적인 의미를 갖는 증거는 피의자의 자백(自白: 자복(自服), 승복(承服), 승의(承疑)라고도 하였고, 자백을 얻는 것을 취복(取服)이라 함)뿐이었다. 즉 자백이 증거의 제왕이었던 것이다. 이로 인해 자백을 이끌어 내기 위한 수단으로서의 고문(拷問: 고신(拷訊) 또는 형추(刑推)라고도 함)이 합법적으로 인정되었고, 죄의 경중을 따지지 않고 가두어 고문을 자행하는 것이 당연시되었다.

죄인을 구금할 때 장형(杖刑) 이상에 해당하는 자가 그 대상이었다. 노인이나 어린아이에게까지 죄의 경중(輕重)의 구별 없이 구금하거나 고문(拷問)을 하는 것은 온당치 않다 하여 15세 이하의 어린

---

70) 규문주의(糾問主義)라 함은 재판기관이 범죄사실을 발견하였을 때 그 소추를 기다리지 아니하고 직권으로 범죄를 수사하여 범인을 체포, 심리, 재판하는 원칙을 말한다.

이와 70세 이상의 노인은 살인·강도죄를 제외하고는 옥에 가두지 못하게 하였다. 또한 80세 이상의 노인과 10세 이하의 어린이는 비록 사형(死刑)에 해당하는 죄를 범하였더라도 가두거나 고문(拷問)하지 못하도록 하였다<세종 12년>.

법률상 인정된 고문을 할 때에는 도구로서 신장(訊杖)을 사용하였다.[71] 신장은 버드나무로 만들었으며 길이가 3척 3촌(대략 1m)이며 손잡이 쪽이 되는 부분은 1척 3촌(대략 34cm)의 길이에 직경 7푼(대략 2.1cm)의 둥근 모양이었다.[72] 때리는 쪽은 2척(대략 60cm)에 너비 8푼(대략 2.4cm), 두께 2푼(대략 0.6cm)의 규격이며 마치 조그만 보트의 노와 흡사한 모양이었다. 신장은 한 번에 30도(회)를 한계로 치도록 하였으며, 반드시 편편한 쪽으로 무릎 아래를 때리되 정강이뼈를 때려서는 안 되었다. 그러나 3일 이내의 재신장(再訊杖)은 금지되었다.[73]

그러나 죄인이 쉽게 자백하지 않는 경우에는 도수(度數: 횟수. 도(度)는 사물의 횟수를 세는 단위)를 지키지 않았을 뿐 아니라 몽둥이인 원장(圓杖)을 사용하거나 몸 전체를 가리지 않고 마구 때렸다. 이는 서울보다는 지방에서 더욱 심하여 자주 민원의 대상이 되곤 하였다.

고문은 죄인의 자백을 받기 위한 것이었지만 한편으로는 관리들의

---

71) 곤장(棍杖)은 군문에서 군법위반자나 포도청 따위에서 절도범을 치는 데 사용하던 것으로(절도범을 치는 것을 치도곤(治盜棍)이라 함), 길이나 폭, 두께에 따라 중곤, 대곤, 소곤이 있었다. 곤장은 버드나무로 만들었으며 두께가 일촌(一寸: 약 3cm)이었고 볼기를 쳤다. 치도곤보다 더 가벼운 형구로는 고문권이 없는 행정관청에서 사용하는 가죽으로 된 피편(皮鞭: 채찍)이 있었다.

72) 척(尺)은 길이를 재는 단위로서 자라고도 한다. 고려 및 조선 초에는 32.31cm, 세종 12년의 개혁 시에는 31.22cm, 한말 9 1902년에는 30.303cm로 확정되었다. 촌(寸)은 치라고도 하였으며 척의 1/10 크기였다. 푼은 한 치(촌)의 1/10 크기를 말한다.

73) 심희기, 225쪽 이하: 신장제도는 1905년의 형법대전(刑法大典)에서 채찍과 혁편제(革鞭: 가죽으로 만든 채찍)로 바뀌게 된다. 채찍은 태(笞)의 작은 것으로 볼기를 치며, 혁편은 종아리를 치는 것인데 민형사상 신문하는 경우 실토하지 않은 자에게 1차(한 번)에 30도(회), 1일 1차(한 번) 행하도록 되어 있었다.

화풀이 방법으로 이용되기도 하여 더욱 잔인해졌다. 이로 인한 폐해를 방지하기 위해 남형(濫刑: 법에 의거하지 않고 함부로 형벌을 가함)을 한 관리에게는 장 100 도 3년에 처하고, 치사(致死)케 한 자는 장 100에 영구서용(永久敍用: 영구히 등용하지 않는 것)에 처하도록 규정하였으나, 거의 지켜지지 않았다. 또한 법이 인정한 이외의 고문을 금하라는 왕의 명령이 수시로 내려졌으나 이 역시 지켜지지 않았다.

이러한 고문제도는 1907년 6월 27일 법률 제2호로 공포된 '신문형(訊問刑)에 관한 건'이란 법령에 의해 불법화되었고, 이후 1908년에 법률 제19호로써 '형법대전'이 개정되면서 고문에 대한 근거규정이 완전히 사라지게 된다.

조선시대의 형사재판은 기본적으로 3심의 구조를 가지고 있었다. 1심 재판은 한성부와 각 고을의 수령이 맡아서 하였다. 태(笞) 이하의 형벌이 부과될 사건은 1심에서 완결되었으나, 장(杖) 이상의 형벌이 부과되는 사건은 수령이 조사를 마친 후 자신의 의견과 함께 관찰사에게 올려 보냈다.

한성부에서 1심을 재판하는 경우 장형 이상의 사건은 곧바로 형조로 올렸다.

의금부의 경우는 고위 관료의 범죄행위 및 왕족의 범죄행위 등을 조사하여 왕에게 직접 보고하였다.

발가락 사이에 불을 놓는 고문

2심을 맡게 되는 관찰사는 나름대로 조사를 하여 유(流) 이하의 형에 해당하는 사건에 대해서는 독자적으로 판결을 내렸다. 그러나 사형에 처하여야 할 사건은 자신의 의견과 함께 형조로 올려 보냈다. 관찰사가 중죄인을 심문할 경우에는 관찰사가 범죄발생지를 관장하는 수령과 그 이웃수령으로 하여금 공동으로 심문하도록 명하였다<이를 동추(同推)라고 한다>.

형조는 관찰사와 한성부에서 올라온 사형(死刑)에 처하여야 할 사건(死罪事件)을 심리하여 자신의 의견과 함께 왕에게 결재를 올렸다. 이에 대해 왕은 정승들과 의논하여 사형 여부를 결정하였다. 당시에 사형에 처하여야 할 사건은 세 번의 조사를 거쳐 국왕이 최종적으로 판결하였다.

1심에서 끝나는가 아니면 2심 또는 3심까지 올라가는가 하는 것은 형의 경(輕)·중(重)에 따라 결정되었다. 사형 사건이면 3심까지, 장형 이상 유형 이하의 사건이면 2심까지 올라가게 되고, 태형 사건은 1심에서 끝나는 소송구조였다. 예를 들어 이웃 사람을 때려서 관가에 끌려온 사람에게 고을의 수령이 태(笞) 30의 형을 부과하였는데 죄인이 그것이 억울하다고 하여 관찰사에 항소한다거나 의금부에 찾아가 신문고를 올린다거나 하는 일은 상상할 수 없었다.

즉 형벌은 판결과 동시에 집행되었기 때문에 근본적으로 상소하는 것이 의미가 없는 체제였다.[74]

---

74) 사안에 따라서는 국가 형벌권의 행사대상에서 벗어나 사형(私刑)의 대상이 되는 영역도 있었다.

메시지 4: 문제의 핵심파악과 증거의 확보가
분쟁 극복의 지름길이다

문제의 핵심이 무엇인가를 명백히 하여야 한다. 조선시대 재판에 있어 가장 중요한 의미를 갖는 기본원칙은 진실을 가리는 것과 증거를 통한 재판이었다. 이는 오늘날에도 마찬가지다. 현대에는 당시와는 비교할 수 없을 정도의 각양각색의 다양한 분쟁이 존재하고 있고, 분쟁의 원인 또한 다양하다. 분쟁이 어떠한 연유에 의해 비롯되었는지 원인규명을 명백히 할 수 있다면 그 결과에 대한 치유는 손쉬워질 수 있다. 즉 우회하는 방법이 아닌 직접적인 해결책의 제시가 가능하다는 것이다. 이것이 분명 분쟁 극복의 지름길임을 명심하자.

자신의 사실주장이 제3자에 의해서 옳다고 인정되기 위해서는 내 말을 확실한 증거를 통해 객관적으로 신뢰할 수 있도록 만들어야 한다. 이는 상대방의 경우에도 마찬가지다. 따라서 주장 및 증거의 성격과 입증 가능성 등을 충분히 고려하고, 객관적이고 합리적인 증거를 확보하도록 노력하여야 한다. 인적인 증거, 즉 증인을 확보하는 것도 중요하지만, 문서에 의한 증명이 더욱 신뢰를 주므로 가능하다면 문서화된 증거를 확보하도록 하자.

5. 형사절차와 형벌부과에서의 특전

"팔의(八議)에 해당하는 자가 범죄(犯罪)를 저지른 경우 그 처결(處決)에
관하여 공문(公文)으로 직접 왕에게 계(啓)하여 왕명(王命)을 받아야 하며,
자의(恣意)로 소환신문(召喚訊問)할 수 없었다."

오늘날 법률적용으로부터 특별한 취급을 받는다는 것은 그 대상이
극히 제한적이라 할 수 있고, 특히나 형사절차나 형벌부과에 있어서
신분(身分)을 이유로 예외적 취급을 받는다는 것이 현대사회에서는
불가능하다. 그런데 조선시대에는 중국으로부터의 영향 때문인지 일
정한 자에게 형사절차 그리고 형벌부과에 있어서 특전을 부여하였다.

이러한 제도는 중국 주(周)나라에서 비롯하였는데, 여덟 가지의 특
별한 사정이 있는 사람에게 형사절차나 형벌부과에 있어 특전을 주
었다(이를 팔벽(八辟)이라고 함). 팔의(八議)에 해당하는 자가 범죄를 저지
르면 그 처결(處決)에 대하여 왕명을 받아야 했고, 자의(恣意)로 소
환하여 신문할 수 없었다. 왕명에 따라 신문하는 자는 그 죄상과 응
의자(應議者: 팔의에 해당하는 자)에 해당하는지에 대하여 모두 함께 의
논하여 형량을 결정하였고 이후 이를 왕에게 보고하여 왕의 재결을
받아야 했다.[75]

중국의 팔벽(八辟)제도는 당률(唐律)에서 팔의(八議)로 되어 자리
를 굳히게 되었고 이후 명율(明律)에로 계승되었다. 명율(明律)이
조선에서 일반 형법전(刑法典)으로서 시행됨에 따라 이 또한 조선에
서 적용케 된다. 이러한 특전은 응의자(應議者) 본인뿐 아니라 그의
일정한 근친(近親)에게도 주어졌다.[76] 단, 팔의에 해당하는 자라도

---

75) 박병호, 314쪽 이하.

십악(十惡)의 범죄를 범한 경우에는 의죄(議罪)의 특전을 받지 못하였다.

팔의(八議)제도의 남용을 막기 위한 제도적 장치도 마련되었는데, 응의자(應議者) 본인과 그의 일정한 근친을 제외한 그 외의 친족이[77] 응의자의 위세에 의지하여 양민을 침해하고 관사를 업신여겨 침범할 경우에는 일반인보다 일등(一等)을 더하여 처벌하도록 하였다.

조선의 경우에는 위의 대명률 규정 이외에 이들에게 따로 특전을 베풀었는데, 의친과 공신의 경우는 십악죄(十惡罪)를 제외하고는 다섯 번 죄를 범해야 파직하였다.[78] 군인인 경우는 병조가 왕에게 보고하여 처벌하였다.[79] 일반형사범으로 구금할 경우에 의친, 공신, 당상관, 사족귀부가 사형에 처하는 죄에 해당할 때에는, 일반인의 경우 쇠사슬을 목과 다리에 채우는 것과는 달리, 목에만 채우도록 하였다.[80]

조선 후기부터 정승(政丞)은 악역죄(惡逆罪) 외에는 체포 · 심문하지 아니하였다. 종친, 부마, 종친 정1품, 부마 정1품, 문관 재상, 홍문관 대제학이나 정1품직, 좌 · 우의정 기사인(耆社人)은 가벼운 죄이면 구금하지 못하며 왕명을 받들어 신문하였다.[81]

원종공신은 사형에 처하는 죄(死罪)가 아니면 목에 쇠사슬을 채울

---

76) 응의자의 조부모, 부모, 처, 자, 손, 왕의 종친 · 인척 및 공신의 외조부모, 백숙모부, 고모, 형제자매, 조카 등이 이에 해당한다. 4 · 5품관의 경우는 그의 부모, 처, 자, 손의 경우에도 응의자에 준하여 특전을 받았다.

77) 종친 · 인척 · 공신의 동성 사촌 · 6촌 형제, 5촌 숙부, 외숙, 이모, 이모부, 고모부, 처남, 외사촌 · 이모의 아들 및 딸의 자(子), 조카, 처조카 등과 자기 집에 있는 권속(眷屬: 식구나 가족), 사역인(使役人: 심부름꾼), 시음(舍音: 마름이라고도 하며, 지주의 위임을 받아 소작지를 관리하던 사람을 말함) 등이 이에 해당한다.

78) 經國大典 吏典 考課.

79) 經國大典 兵典 用刑.

80) 經國大典 刑典 囚禁.

81) 續大典, 大典通編, 大典會通의 刑典 囚禁.

수 없으며, 공신(功臣)의 자손은 망상죄(網常罪)나 장도죄(贓盜罪) 외에는 장형, 유형에 해당하더라도 속죄금(贖罪金)을 납부하게 하였다. 또한 그의 증손(曾孫) 이하도 왕에게 보고하여 처결하였다.

공신(功臣)의 자손은 설사 공상천예(工商賤隷)라 할지라도 왕의 재가를 받아서 고문하였으며[82] 배향공신(配享功臣: 국가에 대한 공로로 종묘(宗廟)에 신주(神主)를 모신 신하)의 대대자손도 감(減) 1등(1等)하였다.[83]

〈표 6〉 ■ 팔의(八議) ■

명 칭	내 용
의 친(議親)	· 왕의 동성 8촌내의 종친과 왕의 조모 및 생모의 8촌내의 친족, 왕비의 6촌 내의 친족과 세자비의 4촌내의 친족.
의 고(議故)	· 왕실과 오랫동안 두터운 친분이 있고 특별한 은덕을 입은 자.
의 공(議功)	· 전쟁에서 적장을 참살하여 적의 군기를 탈취하며 만 리의 먼 곳까지 적을 추격, 격파하여 적국의 군대를 항복시켜 포로로 거느리고 옴으로써 국민을 안녕하게 하였거나 혹은 변방영토를 개척하는 공로를 세움으로써 특별히 그 사실이 기록된 자.
의 현(議賢)	· 큰 덕행이 있는 현인군자(賢人君子)로서 그 언행이 나라의 본보기가 되는 자.
의 능(議能)	· 큰 재지와 지식이 있는 자로서 군사와 정사를 잘 다스려서 왕의 보좌역이 되며 인륜(人倫)의 본보기가 된 자.
의 근(議勤)	· 문무관리로서 관직을 근실하게 수행하여 주야로 봉공하며 혹은 먼 곳에 파견되어 괴롭고 어려운 일을 능히 겪고 치름으로써 큰 공로를 세운 자.
의 귀(議貴)	· 관직이 1품인 자와 3품 이상의 문무직과 2품 이상의 산관(散官: 품계만 있고 실직이 없는 관리)인 자.
의 빈(議賓)	· 전대의 왕의 자손으로서 선대(先代)를 봉사하여 국빈(國賓)으로 된 자.

82) 續大典 刑典 推斷.

83) 大典會通 刑典 推斷.

6. 죗값은 어떻게 치렀나? - 형벌

조선시대 범죄자에 대한 형벌로는 어떠한 것이 있었을까! 기본적인 형벌과 부가적인 형벌로 나누어 소개해 본다.

기본형벌 - 태형 · 장형도형 · 유형 · 사형

기본적인 형벌로서는 태형, 장형, 도형, 유형 그리고 사형이 있었다.

태　형(笞刑)

태형은 5형(五刑) 중 가장 가벼운 것으로 작은 가시나무 회초리인 형장(刑杖)으로 죄인의 볼기를 때리는 형벌이다. 10도, 20도, 30도, 40도, 50도의 5등급이 있으며, 매 10도를 기준으로 형을 1등씩 가감한다. 태형의 집행은 죄수를 형대(刑臺)에 묶은 다음 하의를 내리고 둔부를 노출시켜 대수를 세어가면서 회초리로 때렸다. 부녀자의 경우는 옷을 벗기지 않음이 원칙이나, 간음한 여자에 대해서는 예외적으로 옷을 벗기고 집행하였다.

나이가 70세 이상이거나 15세 이하인 자와 폐질에 걸린 자는 태형을 집행하지 않고 대신 속전을 받았으며, 임신한 여자도 70세 이상인 자에 준하여 처리하였다.

태형은 조선 말 장형이 폐지된 뒤에도 오랫동안 존속되다가 1920년에 와서야 완전히 폐지되었다.

죄지은 여인에게 태형을 가하는 모습

장　형(杖刑)

장형은 형장(刑杖)으로 죄인의 볼기를 치는 것으로 태형보다는 조금 더 무거운 형벌이다. 장형에 사용되는 형구는 큰 가시나무의 줄기로 만들었는데 태와 마찬가지로 옹이와 나무눈을 깎아 버려야 했다. 관제교판(官製較板)을 사용하여 법대로 규격심사를 하여야 하며, 힘줄이나 아교 등 물건을 덧붙여 장식하지 못하도록 하였다.

장형에는 60도, 70도, 80도, 90도, 100도까지 5등급이 있으며, 매 10도마다 1등씩 가감한다. 장의 규격은 대두경이 3푼 2리(대략 0.9㎝), 소두경이 2푼 2리(대략 0.6㎝), 길이가 3척 5촌(대략 1m 5㎝)으로서 비교적 굵은 회초리이다. 태형과 마찬가지로 가는 소두경 쪽으로 죄인의 볼기를 쳤다.

장형은 그것만 별도로 집행하는 경우도 있었지만 대체로 도형과 유형에 대하여 이를 함께 부과하는(並科) 것이 보통이었다. 장형은 실제로는 그 행형에 있어서 남형의 폐해가 매우 많았다. 즉 집행관의 자의가 개재될 가능성이 매우 높았기 때문에, 이를 방지하기 위하여 장의 규격과 집행방법을 엄격히 지키도록 법제화하였다.

장형은 갑오경장 이듬해인 1895년 행형제도를 개혁하면서 폐지되었다.

도　형(徒刑)

도형은 약간 중한 죄를 범한 경우에 관에 붙잡아 두고 소금을 굽거나 쇠를 달구게 하는 등 온갖 힘들고 괴로운 일을 시키는 형벌이다. 구금하여 강제노역에 종사시키는 점에서 오늘날의 징역형과 유사하다. 도형의 집행은 군, 현 등의 관아에서 행하였으며, 전국의 도형수에 대하여는 형조에서 총괄 관리하였다.

곤장을 맞는 죄인

노역(勞役)에 처하는 기간은 죄질에 따라 정하되 1년에서 3년까지 6개월 기준으로 5등급이 있으며 반드시 장형이 병과(倂科)되는 점이 특이하다. 즉 장 60을 치고 도 1년에 처하는 것, 장 70에 도 1년 반, 장 80에 도 2년, 장 90에 도 2년 반, 장 100에 도 3년의 5등급이 있다.

도형수(徒刑囚)의 경우에는 귀휴(歸休),[84] 병가(病暇)제도[85]도 있었다.

유　형(流刑)

우리나라는 조선시대부터 중국의 대명률(大明律)을 일반형법으로 의용하면서부터 유형이 정형으로서의 자리를 굳히게 되었다.[86] 유형은 도형과 함께 자유형에 속하며 조선시대 전반에 걸쳐 널리 행하여지던 형벌로서 도형과는 달리 기간이 정하여지지 않았다. 그러므로 임금의 사령(赦令: 사면, 특사 등의 명령) 또는 소결(疏決: 죄수를 너그럽게 처결함) 등의 왕명에 의해서만 특별히 석방될 수 있었다. 특히 조선시대 정치의 주도권을 둘러싸고 전개된 당쟁은 상당수의 정치범을 양산하였는데 사형을 면한 대부분의 정치범들이 유형으로 처벌되었다.

유형에 처하여진 자는 형조의 장부에 등재하게 되는데 타 관사에서 정배(定配: 배소를 정하여 귀양을 보내는 것)할 경우에는 이를 형조에 보

---

84) 형전사목(刑典事目)에는 정배죄인(定配罪人)이 친상(親喪)을 당하였을 때 역모(逆謀)에 관계된 죄인이 아니면 말미를 주어 다녀올 수 있게 하였다.

85) 대명률직해(大明律直解)에는 도형수(徒刑囚)가 복역 중 병이 났을 때 도형수(徒刑囚)에게 병가(病暇)를 주었다가 병이 완쾌되면 병가의 일수를 계산하여 다시 병가 중 쉬었던 노역을 보충하게 하였다.

86) 유형(流刑)은 황무지와 해변의 고을에 보내어 배치시키는 것이며, 도형과 같이 노역을 과하지는 않았다. 유형제도는 극형으로서의 사형에 대한 감형 또는 완화조치의 의미를 지니고 있었다.

고하였다. 유형 시 그 비용은 죄인 스스로 부담하는 것이 원칙이었기에 그 비용을 대는 것 또한 엄청난 부담이 아닐 수 없었다. 정치적 이유로 귀양을 가는 경우 가던 도중에 고을 수령과 인연이 있던 자들의 경우는 고기나 술을 대접받는 경우도 있었다. 유형수(流刑囚)가 배소(配所)에 도착한 후에는 배소 내에서 자유로이 생활하였다. 또한 처첩(妻妾)이 원할 때에는 같이 따라가는 것도 허용되었기에 유배수(流配囚)의 처첩(妻妾)이 유배소(流配所)에서 시중을 들기도 하였다.

우리나라는 땅이 좁아서 중국과 같이 대명률의 규정을 그대로 적용할 수 없었다. 따라서 세종 12년(1430년)에는 팔도감영을 기점으로 하여 2천 리, 2천5백 리, 3천 리에 해당하는 지역을 구체적으로 열거하였다. 경우에 따라서는 극악괴귀범인(極惡怪鬼犯人)일 경우 고통을 주기 위해 멀리 돌도록 하여 3천 리를 우회시킨 예도 있었으며 때로는 법대로 정배(定配)하지 않고 인근의 도(道)에 귀양 보내는 예도 있었다. 그러나 대체로 1,000리를 넘는 것을 원칙으로 하였다.

사　형(死刑)

사형(死刑)은 사람의 목숨을 빼앗는 최고형으로서 교수형(絞首刑)과 참수형(斬首刑)의 두 가지로 나눌 수 있다. 교수형(교형: 絞刑)은 죄인의 두 손과 두 발목을 묶고 높은 데에 매달아 목을 졸라 죽이는 것을 말한다. 참수형(참형: 斬刑)은 죄인의 목을 큰 칼로 베어 죽이는 것을 말한다.

사형은 3차례의 재판(삼복제: 三覆制)을 거치도록 하여 신중을 기하도록 하였다. 때문에 사형의 확정은 반드시 임금의 재결을 받아야

만 하였다. 그리고 특별히 사형을 집행하지 못하는 금형일을 법으로 제정하였는데, 이는 천지(天地)의 이법(理法)을 중시하는 음양(陰陽)의 사상에 따른 것으로 시절(時節)과 형옥에 관한 영(令)을 부합시키려 그리한 것이었다. 사형집행의 시기는 대시집행(待時執行)[87]과 불대시집행(不待時執行)[88]의 두 가지로 나뉘었다.

사형의 집행방법과 관련해서는 교(絞)·참(斬)·능지처사(陵遲處死)라고만 되어 있을 뿐 더 자세한 규정은 살펴볼 수 없다.[89] 따라서 밧줄로 목을 매달아 죽이는 교형(絞刑)과 목을 잘라 죽이는 참형(斬刑)의 경우에는 그 집행방법이 간단하였다. 그러나 능지처사(陵遲處死)의 경우에는 대역사건의 국사범이나, 특히 일반인에게 경계할 필요가 있는 반도덕적 범죄인에게 행하여졌으므로[90] 백성들에 대한 위협의 목적을 달성하기 위해 오살(五殺)·육시(戮屍)·거열(車裂) 등 여러 가지 잔인한 방법으로 집행되었다. 이 밖에도 사사(賜死), 부관참시(剖棺斬屍), 그리고 효수(梟首)가 있었다.

이러한 사형의 집행은 관아의 최하위직이라 할 수 있는 이예(吏隸), 나장(羅將)들에 의해 행하여졌으며, 죄수의 목을 자르는 것을 업으로 하는 자를 '회자수(劊子手)' 또는 '망나니'라 불렀다.

---

87) 대시집행은 사형이 확정된 후에도 일정 기간 대기하였다가 추분 이후부터 입춘 이전에 날짜를 정하여 사형을 집행하는 것으로 일반사형수에게 적용하였다.

88) 불대시집행은 사형이 확정되면 때를 기다리지 아니하고 즉시 사형을 집행하는 것으로 보통 10악(十惡: 모반, 모대역, 모반, 부도, 대불경, 불효, 불목, 불의, 내란)의 범죄에 적용되었다.

89) 이러한 사형방식은 1894년 칙령 제30호에 의하여 참형과 능지처사를 폐지함으로써 일반인의 사형은 교(絞), 군인의 사형은 총살(銃殺)로 정하였다. 이후 1900년 형률명예에서 참형을 부활시켰다가 1905년 형법대전을 제정하면서 참형을 다시 폐지하였다.

90) 사형과 관련하여 능지처사(陵遲處死) 또는 능지처참(陵遲處斬)이란 단어가 자주 언급되곤 하는데, 이는 모반대역죄(謀反大逆罪)나 친부모살인죄(親父母殺人罪)와 같은 최고의 반도의범에 대하여만 적용되었다.

안 치	· 유배소에서 다시 일정한 곳을 지정하여 유폐시키는 경우를 말함. · 왕족이나 고관, 현직자(顯職者)에게 과함.
천 도	· 범죄인을 그 가족과 함께 국경지대로 이주시키는 경우를 말함. · 일단 이주한 후에는 일반 양민과 동등한 생활을 유지할 수 있었으나 주거지를 임의로 벗어나면 도주의 율(律)에 의해 다스려짐.[91]

〈표 8〉 ■ 윤형·속전제도 ■

명 칭	내 용
윤 형(閏刑)	· 관리나 승려 등 일정한 신분을 가진 사람이 범법행위를 한 경우에 그의 관작을 박탈하는 등의 명예형을 말함. · 완전히 명예형으로 대체하는 경우와 형벌과 명예형을 병과(倂科)하는 경우의 두 가지가 있었음.
속전제도(贖錢制度)	· 특별히 정한 범죄를 제외하고는 형 대신 금전으로 납부할 수 있도록 한 것으로 그 요건은 법률로 정함.[92] · 조선시대의 신분에 의한 차별, 유교국가적 통치이념이 잘 드러나 있는 제도. · 속전은 오늘날의 벌금과 유사하다고 할 수 있으나, 벌금은 재산형인 데 비해 속전은 신체형(태형, 장형), 자유형(도형, 유형), 생명형을 선고받은 후 본형을 재산형으로 대신한다는 점에서 그 차이가 있음. · 속전은 형의 집행기관에서 징수하였는데 중앙에서는 형조·한성부·사헌부에서 담당하였고, 지방에서는 각 아문(衙門)의 수령이 담당. · 징수된 속전은 호조로 이송하여 국가재정에 충당하기도 하였으며, 관아에 소속된 관리들의 급료와 건물유지비 등으로도 사용함.[93] · 영조 때는 속전(贖錢)에 관한 사무를 전담시켜 공정한 관리를 하기 위하여 보민사(保民司)라는 기관을 설치하게 됨.[94]

91) 이는 조선 초기부터 있었던 북방개척과 함께 평안도와 함길도의 이민정책의 일환으로 시행되었다.

92) 속전은 크게 신분에 의한 것, 특수직업에 대한 것, 부녀·노약자·병자에 대한 것, 상을 당했을 경우나 부모의 봉양에 관계된 것, 그리고 휼형(恤刑)으로서의 속전 등의 유형으로 나눌 수 있다.

93) 속전의 징수를 둘러싸고 관리들의 부정이 많이 발생하게 되어 역대 왕들은 이의 시정을 위해 지속적으로 단속을 폈으나 근절되지는 아니하였던 것으로 보인다.

94) 보민사(保民司)는 10년 동안(영조 40~50년) 존속하면서 중앙의 각 기관의 속전징수에 관한 업무를 통합하여 시행하였으나, 영조 50년(1774년)에 폐지되었고 형조에 이 업무가 귀속되었다.

교형(絞刑)에 처해진 죄인

부가형벌 – 자자형(刺字刑)·몰 관(沒官)

조선의 형벌에는 기본형인 5형 이외에도 여러 종류의 부가형이 있었다. 그중 중요한 것으로 자자(刺字), 노비몰수(奴婢沒收), 재산몰수(財産沒收), 피해배상(被害賠償) 등을 들 수 있다. 연좌제도(緣坐制度) 역시 일종의 부가형의 성질을 띠고 있다.

이 중 자자형(刺字刑)과 몰관(沒官)에 대해 살펴보기로 한다. 자자(刺字)형은 신체의 어느 부위에 먹물로 글씨를 새겨 넣는 형벌로서 주로 도적으로서 장·도·유형에 처하여진 자에게 부과되었다. 경국대전에 의하면 강도로서 사형에 처해지지 아니한 자에게는 율(律)에 따라 죄를 따진 후 '강도(强盜)'라는 두 글자를 얼굴에 새기도록 하고 있다.[95]

이렇듯 자자형을 부과하는 목적은 전과자임을 알려 수치심을 갖게 하는 동시에 요시찰인물로 관리하기 위한 것이었다. 그런데 팔뚝에 자자를 하게 되면 외관상 바로 문신이 드러나지 않아 소기의 성과를 거둘 수 없었기에 얼굴에 자자(刺字)하는 제도가 생겨났는데 이를 경면(黥面)이라 하였다. 경면형(黥面刑)은 도적의 창궐을 막기 위한 방편으로 사용되었으나 실제 시행된 경우는 그리 많지 않았던 것으로 보인다. 중종 20년 실록에서는 "경면(黥面)형으로 다스려진 죄인은 다만 2명뿐이다."라고 기록하고 있다.

자자(刺字)형은 평생 동안 전과자라는 낙인을 찍고 살아야 하는 가혹한 처벌이었기에 그 시행에 있어 신중을 기하였다. 따라서 영조 16년(1740)에 이르러서는 자자(刺字)의 도구를 소각시키고 다시 사용치 못하도록 전국에 엄명을 내림으로써 완전히 폐지하였다.

---

95) 經國大典 刑典 臟盜條: 대명률직해(大明律直解)에 따르면 팔목과 팔꿈치 사이에 매자를 각 1촌 5분의 네모 안에 매 획의 넓이를 1분 5리로 하여 글자를 새겨 넣도록 하였다.

또한 몰관(沒官)이라는 부가형이 있었다. 몰관이란 대역죄인의 가족이나 그 재산을 몰수하는 것을 총칭하는 개념이다. 몰관에는 몰수(沒收), 적몰(籍沒), 그리고 추징(追徵)의 세 가지 종류가 있었다. 중죄인의 재산을 몰수하는 경우를 특히 적몰(籍沒)이라 하는데, 이는 관련자의 가족을 노비로 몰입시켜 폐가시키는 처벌도 뒤따랐다. 몰수(沒收)의 특이한 형태로서 범인의 재산을 강제로 징발하여 피해자 측에 피해의 배상으로 돌려주는 제도도 있었다. 즉 살아 있는 사람의 이목(耳目)이나 지체(肢體) 등을 끊어 내어 약으로 파는 흉악범에 대해서는 능지처사의 형에 처하였고, 아울러 그의 재산을 몰수하여 피해자의 가족에게 주었다.96)

또한 처나 첩이 외간 남자와 간통하는 장면을 목격한 남편이 형장에서 간부(姦夫)만을 살해한 경우에는 이를 불문에 붙이고, 처나 첩은 율(律)에 의해 처리한 뒤 남편 마음대로 다시 데리고 살거나 또는 팔 수 있도록 하였다.97)

96) 大明律直解 刑律 中 人命編 採生折割人條.
97) 大明律直解 刑律 中 人命編 殺死姦婦條.

메시지 5: 분쟁의 원인이 무엇인지를 잘 살피고
그에 맞는 해결방안을 강구하자

개개의 분쟁마다 사안의 성격이 다양하기 때문에 과연 어떠한 절차가 효율적인 분쟁해결로 이어질 수 있는지의 문제가 관건이다. 현재의 이용 가능한 여러 절차 중에서 어떠한 절차를 선택할 것인가를 결정함에 있어서 무엇보다도 분쟁이 어떠한 원인에 의해 비롯되었는가를 살필 필요가 있다. 이러한 분석 하에서 시간적 그리고 비용적 측면을 고려하여야 할 것이다. 아울러 당사자 간의 관계, 즉 당사자 간에 계속적인 관계가 존재하는지, 당사자 간의 교섭능력에 있어 차이는 없는지, 소요되는 경비를 당사자가 부담할 수 있는지, 양 당사자 간에 의사소통상의 문제는 없는지 그리고 양 당사자가 분쟁결과에 대한 예측에 있어 어느 정도의 차이를 보이고 있는지 등의 분쟁해결의 기본적인 rule을 파악하여야 한다.

이를 통해 향후 분쟁 해결을 위해 어떠한 절차를 선택할 것인지를 결정하고 그에 따른 유, 불리는 무엇인지를 면밀히 검토하여야 한다. 어쩔 수 없이 소송이라는 방식에 의해 분쟁을 해결하려 할 경우 인적·물적 증거는 어느 정도 활용 가능한지, 승소 가능성은 어느 정도인지, 어느 정도의 시간과 비용이 소요되는지, 소송지연의 가능성은 없는지 등에 대한 사전 준비 작업이 충분히 이루어져야 한다.

제 **3** 부

역사의 거울에 비춰 본 명판결 · 명재판관
그리고 잔인했던 죗값 치르기

현 대와 마찬가지로 조선시대에도 증거에 의한 범죄의 입증은 중요한 의미를 가졌다. 이는 당시 범죄자를 잡아들여 처벌하는 것도 중요하지만 단 한 명의 억울한 백성도 있어서는 안 된다는 실체적 진실발견과 인권의식이 저변에 깔려 있었기 때문이다. 아울러 범죄의 대상이 된 피해자의 상처받은 마음을 헤아리는 데도 결코 소홀히 하지 않았다.

형사재판을 할 때에는 기본원칙에 충실할 것이 요구되었다. 즉 재판관에게는 무엇보다도 사안의 핵심이 무엇인가를 분명히 하고 아울러 증거에 의한 재판을 할 것이 요구되었다. 이 역시 백성들이 억울하게 범죄자가 되는 것을 방지하기 위함이리라. 이러한 형사재판에서의 기본원칙은 다음의 판결례에서 분명하게 나타난다.[98]

공산 사람 임남이는 박 여인을 강간 치사케 하였다는 죄로 재판을 받게 되었다. 여기에서 강간이 기수(旣遂)인지 미수(未遂)인지에 대하여 관찰사와 형조판서의 견해가 서로 달랐다.

관찰사는 심문을 마친 후, "여러 정황으로 미루어 강간 미수로 보

98) 정조 5년(1781): 박병호, 326쪽.

아야 한다."라고 단정하였다. 그러나 형조판서의 견해는 달랐다. 즉 "박 여인의 목덜미에 난 손톱자국, 엉덩이와 넓적다리의 터진 살갗, 옷고름이 끊어지고 치마폭이 터진 점, 그리고 박 여인의 속옷에 물든 흙의 색깔과 남이의 팔꿈치에 묻은 흙의 색깔이 다 같이 노란색인 점 등에 비추어 볼 때 이는 강간 기수로 논하는 것이 합당하다."고 주장하였다.

이에 대해서는 논란 끝에 결국 다음과 같이 결정되었다. 즉 "지금 강간사건으로 보는 근거는 손톱자국, 터진 살갗, 끊어진 옷고름과 터진 치마, 그리고 서로의 옷에 묻은 흙에 지나지 아니한다. 그러나 강간하려고 다투는 참에 엎치락뒤치락 구르며 다툴 때에는 그 남은 흔적이 이렇게 나오는 것이 필연적인 추세이다. 강간하려 시도하였던 것은 의심할 바 없으나 그렇다고 강간이 이루어졌다고 하는 명확한 근거 역시 없지 않은가. 이것만을 가지고 어떻게 강간이 이루어진 증거로 삼을 수 있겠는가! 강간이 이루어지지 아니한 것으로 처리함이 합당하다."

이는 그 죄를 증명할 수 있는 명백한 증거가 없음에도 더 중한 죄로 인정하려 하는 것을 경계하고자 함이리라.

조선 영조 때 전라도 함평에서 발생한 사건이다.[99] 전라도 함평 사람 최맹징(催孟徵)의 집에 야밤에 그가 잠시 집을 비운 사이에 누군가가 침입하여 그의 처를 겁탈하려 하였다(영조 51년: 1775 7월 19일 밤). 이에 최맹징의 처가 도둑의 어깨를 물고 크게 소리쳐 그자를 쫓아 버렸다. 그런데 그는 도망치면서 당황하여 문 앞에 자기의 짚신을 떨어뜨리고 말았다. 최맹징이 그 짚신을 주어 살펴보니 이는 그

---

99) 박병호, 323쪽 이하.

가 얼마 전에 같은 동네에 사는 김봉기란 자에게 만들어 준 것과 동일한 것이었다. 그런데 더더욱 김봉기를 범인으로 의심케 한 것은 그의 어깨에 남겨진 이빨에 물린 것 같은 상처자국이었다. 이로 인해 김봉기는 꼼짝없이 강간 미수범의 혐의를 받게 되었다.

이 사건을 둘러싸고 김봉기와 최맹징 양쪽 집안에서도 감정의 골이 깊어지게 되었는데, 이는 김봉기가 최맹징의 서파(庶派: 서자(庶子)의 자손)와 혼인한 사이였기 때문이었다. 그러던 차에 김봉기의 조카인 김성도가 최맹징의 처에게 욕설을 퍼붓는 일이 발생하게 되었고(8월 11일), 이로 인해 최맹징의 처가 음독자살하기에 이르렀던 것이다. 이 때문에 김성도는 최맹징의 처에게 욕설한 죄로 장형(杖刑)에 처해졌다.

김봉기는 강간 미수죄로 구속되었는데 사또가 그의 죄를 추궁하였다.

"너는 7월 열아흐레 날 밤에 최맹징의 집에 간 적이 있더냐?"

"소인은 그날 집에서 잠을 자고 있었습니다."

"최맹징이 너에게 만들어 준 짚신이 최맹징의 집 앞에 떨어져 있었는데 그렇다면 이는 어찌 된 영문이냐. 이는 필경 네가 최맹징의 집에 들렀다가 그의 처를 겁탈하려다 그 뜻을 이루지 못하고 정신없이 네 짚신도 챙기지 못하고 도망친 것과 무관하지 않아 보인다. 이러한 증거가 있는데도 네가 발뺌을 하려 하느냐."

"사또. 그렇지 않습니다. 최맹징이 그 짚신을 소인에게 만들어 준 것임에는 틀림이 없습니다. 그러나 그 짚신은 소인이 7월 열아흐레 날 저녁에 밭에 물을 주러 가는 조카 김성도에게 빌려 준 것입니다. 김성도가 분명 들에 나갔다가 분실한 것이니 저와는 전혀 무관한 일입니다."

"좋다. 허면 너의 어깨에 난 상처는 어찌 된 것이냐?"

"소인의 어깨에 난 상처는 지난 7월 열여드레 날에 이웃에 사는 김가 놈과 도박을 하다 다투게 되었을 때 그자의 손톱에 긁혀 생긴 상처입니다. 그자에게 물어보시면 아실 것입니다. 이 상처는 이빨에 물린 것이 결코 아닙니다. 믿어주십시오. 사또."

사또가 증인으로 나온 김가에게 다그쳤다.

"지난 7월 열여드레 날에 김봉기와 함께 노름을 하였더냐?"

"예. 그렇습니다요."

"허면 그때 김봉기와 실랑이하며 다툰 적이 있더냐?"

"예. 패를 속이기에 서로 옥신각신하였습니다요."

"그렇다면 그때 다투면서 김봉기의 어깨를 문 적이 있느냐?"

"글쎄…… 그것은 잘 생각나지 않습니다요. 서로 멱살을 잡고 싸우기는 하였습니다만……."

심문을 마친 사또는 이 사건을 해결하기 위해서는 김성도를 잡아들여 심문하는 것이 필요하다고 생각하여 김성도를 잡아오도록 하였다. 그러나 김성도는 최맹징의 처에게 욕설한 죄로 장형을 받은 후 자신이 짚신을 빌려 신은 것이 의심을 받게 되자 이미 어디론가 행방을 감추어 버린 뒤였다.

이 사건의 처리와 관련하여 전라감사는 다음과 같이 장계(狀啓)를 올렸다.

"최맹징의 처가 사건발생 후 20여 일이 지난 후에 자살을 하였으므로 김봉기의 행위가 이 사건과는 직접적인 연관성이 없다고 할 수도 있을 것입니다. 그러나 자살이라는 사실이 있는 이상 그 시일이 멀고 가까운 것을 논할 필요는 없을 것입니다. 김봉기를 사족(士族)

의 처를 겁탈한 경우에 처하게 되는 형벌인 사형(死刑)으로 다스려
야 할 것입니다."

형조에서 이 사건을 다시 심리한 결과 형조정랑(刑曹正朗: 형조의
정5품의 관직)은, "김성도가 행방을 감춘 점이 의심스러운데 그에 대한
심리가 미진한 것으로 보입니다. 그러함에도 김봉기를 사형에 처하
는 것은 지나친 처사입니다."라고 고하였다.

그러나 형조참판은, "전라감사의 판단이 옳은 듯합니다. 김봉기를
사형에 처하는 것이 합당할 줄 압니다."라고 주장하였다.

결국 이 사건은 신중한 논의 끝에 다음과 같이 결정되었다. 먼저
'짚신을 떨어뜨린 것'과 관련해서는, 문제의 짚신을 최맹징이 만들었
고 김봉기가 이를 신었음은 명백한 사실이라 하겠으나, 김봉기가 김
성도에게 빌려 주었다는 말을 얼떨결에 꾸며 댄 것으로 여기고 이를
캐묻지 아니한 것은 심리를 미진한 것으로 매우 애매한 처사라 할
수 있다고 결론지었다.

둘째로 '어깨를 물린 것'과 관련해서는, 어깨의 상처가 있으니 이
것으로서 증거가 될 수도 있으나 그것이 이빨에 의한 상처인지 혹은
손톱에 의한 상처인지를 밝혀내지 못하였으니 김봉기가 주장하는 바
를 무시하고 그의 유죄를 인정할 수 없다고 결론 내렸다.

셋째로 '최맹징의 처의 자살'과 관련해서는, 자살한 것이 그 시기
가 늦든 이르든 상관이 없지만 자살한 것은 김성도의 욕설이 있은
후에 발생한 것이었다. 최맹징의 처가 남편과 어린 자식을 생각하느
라 20여 일 후에 자살을 결행한 것이라고 한다면 김성도가 욕설을
하지 않았다면 결행을 한두 달 미루다가 결국은 자살하지 아니할 수
도 있었을 것이라고 보았다. 따라서 본 사건의 발단이 김봉기에 의

해 비롯된 것이기는 하나 최맹징 처의 자살은 김봉기의 행위와 직접적인 관련성이 없는 것으로 의견을 모았다.

마지막으로 짚신을 빌려 신은 장본인일 뿐 아니라 욕설을 한 김성도는 도주하여 그 행방이 묘연하니 강간 미수범은 김봉기가 아니라 김성도일 수도 있다고 보았다. 그러므로 김봉기가 이를 이유로 하여 스스로 무죄임을 주장하는 것은 일리가 있는 것으로 결론지었다.

이상과 같은 점에 비추어 보아 범인이 흘리고 간 문제 짚신의 출처에 대해 아직 그 진위 여부가 불분명함에도 이 점에 대한 심리를 소홀히 한 점이 많으므로 이를 그대로 덮어둔 채 김봉기를 사형에 처한다는 것은 의경지정(疑輕之政), 즉 의심스러울 때에는 가볍게 처벌하라는 원칙에 특히 어긋난다고 판단하였다. 결국 김봉기는 사형을 감(減)하여 정배(定配)형에 처하여졌다.

그와 동시에 최맹징의 처에게는 처음에 몸을 결백하게 지켜냈고 끝내는 죽음으로써 도리를 가려냈으니 그 곧은 마음은 양반가의 본색을 잃지 않은 것으로 높이 살 만하다고 하여 그 넋을 기리도록 하였다. 이에 최맹징가(家)에는 호역(戶役: 집집이 다 나와서 하던 부역)을 면제하는 특전이 내려졌다.

이러한 판결에 비추어 볼 때 당시에도 오늘날의 재판에서 중시되는 증거에 의한 재판이라는 기본원칙에 철저하였다. 즉 재판관이 증거에 의하지 않고 유죄를 인정하여서는 안 되고 의심스러울 때에는 가볍게 벌하라는 원칙이 재판의 기본 철학이자 정신이었다.

[제2. 죽은 이 여인의 사인을 밝혀내다]
– 놀랄 정도로 정치했던 검시절차

조선시대에는 나름대로 독립적이고 객관적인 검시제도에 의해 죽음의 원인이 무엇인지를 명확히 규명하기 위해 노력하였다. 대표적인 예로서, 세종대왕은 1440년 최치운을 비롯한 신하들에게 살인사건의 검시 지침이 될 책을 쓰도록 하였는데, 이것이 바로 신주무원록이다.[100) 이는 1308년 원나라의 왕여가 쓴 무원록(無冤錄: 무원(無冤)은 '억울함이 없게 하라.'는 뜻이다)을 바탕으로 하여 우리나라 실정에 맞게 새롭게 편찬한 것으로, 이후 영·정조 대까지 3백 년 동안 검시에 관한 지침서로 널리 이용된다. 이후 영조 때(1792년)에 이르러 구택규가 쓴 '증수무원록'(增修無冤錄)이 출간되었다.[101)

지방의 어느 마을에서 실제로 일어난 살인사건을 예로 하여 당시의 검시절차의 면면을 들여다보기로 하자.[102)

---

100) 신주무원록에는 살해된 사람의 안색을 죽음의 원인에 따라 적자색, 적흑색, 담홍적, 미적, 미적황색, 청자색 등으로 자세하게 분류해 놓았다. 또한 얼어 죽거나 굶어 죽은 경우, 소나 말에 밟혀 죽은 경우, 호랑이에 물려 죽은 경우 등 다양한 죽음의 원인을 규명해 놓고 있다.

101) 증수무원록은 신주무원록을 바탕으로 하여 우리 현실에 맞게 논리적으로 거의 새로 쓰다시피 하였다.

102) 이 내용은 초험관인 서흥군수 이병훈이 작성한 내용을 정리한 것이다(광무 8년 11월 25일 진시). 원전은 瑞興郡 木甘坊 二里 小地名 舊津洞 致死女人李김史 文案: 初檢(서울대학교 규장각 소장: No. 규 21306, 1책); 김호, 「檢案」을 통해 본 100년 전의 鄕村 사회(2), 문헌과 해석, 1998 가을(통권 제4호), 168쪽 이하.

지방 군수인 이병훈은 11월 13일 유시(酉時)쯤에 이소사(李召史)라는 여인의 시신이 발견되었다는 보고를 받았다. 그 내용인즉 지난밤에 부부가 서로 다투다가 그 처인 이소사가 남편에 의해 목숨을 잃게 되었다는 것이다. 보고를 접한 이 군수는 서리(書吏), 오작(五作: 고을 수령에 딸리어 시신을 검시하던 하인), 항인(行人: 심부름꾼) 등을 데리고 죽은 이 여인의 시신이 있는 마을로 출동하게 된다.

마을에 이르러 이 군수는 관련된 마을 사람들을 심문하고 그 답을 들었다. 심문에는 이 여인 치사의 원인규명과 관련하여 1) 죽은 이 여인이 어떤 일로 그리고 어디서 남편과 싸웠는지, 2) 어디를 언제 구타당해 치사했는지, 3) 싸울 때 이를 본 사람이 있는지, 4) 흉기는 어떤 물건이었으며 이를 습득하였는지, 그리고 5) 혹 이를 습득하였으면 제출토록 하는 등의 내용이 담겨 있다.

이어 이 군수는 죽은 이소사의 시신이 있는 집을 둘러보았다. 집은 남향의 초가 2칸의 상하 방이다. 방을 이리저리 자세히 살펴보니 방의 높이는 관척(官尺)으로 6척 1촌, 그리고 방과 방 사이를 토벽으로 막아놓았다. 문궐(門闕)은 있으나 문자(門子)는 없다. 동쪽 벽에는 소나무 선반 1개가 매여 있고 남쪽 벽에는 문이, 북쪽 벽에는 창이 나 있다.

집을 둘러본 후 시신이 놓인 방으로 향했다. 방으로 들어선 이 군수는 시신의 검시절차에 착수한다. 먼저 신주무원록 등에서 가르치고 있는 지침에 따라 기본사항을 점검한다. 시신의 위치를 살피고, 실내의 경우에는 사방으로부터의 거리를 측량하여야 한다. 춥고 더운데 따른 시신의 변동 상황을 살피고,[103] 혹 시신이 물속이나 좁고

---

103) 신주무원록. 권상 227쪽.

어두운 곳에 있어 부득이 옮겨야 할 경우에는 그 연유를 기록하여야 한다.

방 안을 살펴보니, 시신의 머리는 동쪽으로, 발은 서쪽을 향해 누워 있는 것이 보인다. 시신의 사지(四肢)는 동으로 벽에서 4척 5촌, 서쪽으로 2척 7촌, 남쪽으로 1척 9촌, 북쪽으로 1척 2촌 떨어져 있다. 시신을 덮어둔 천을 보니, 처음에 아청색(鴉靑色) 목면 이불 1채이고, 다음 백목서면 저고리 1벌, 백목치마 1벌, 백목 고쟁이 1벌이다. 그리고 흰 목침 1개가 놓여 있다.

방 안쪽에는 가게에서 파는 갈대 바구니 2개가 놓여 있고, 여기저기 오물이 어지럽게 묻어 있다. 방이 너무 좁아 검시하기가 마땅치 않다. 시신을 밝은 데 판자 위로 끌어내도록 하였다.

당시에는 부검을 제대로 하지 못하였으므로 시신을 외관(外觀)만으로 살피는 것이 강조되었다. 따라서 시신을 살필 경우에는 머리부터 발끝까지 차례로 내려가며 신체의 각 부위를 잘 살펴야 했다. 조사해야 할 신체의 각 부위는 앞부분 50개 부위와 뒷부분 26개 부위 등 전체 합하여 76개의 부위이다. 살필 때에는 얼굴 색깔이 어떠하였으며, 눈을 떴는지 감았는지, 손을 쥐었는지 폈는지 하는 점 등이 강조되었다.[104] 또한 상처가 있는지 없는지, 상처가 있을 때에는 그 크기, 깊이, 길이, 넓이, 색깔모양, 상처의 발생 시기, 뼈의 검사, 상처부위의 급소 여부 등을 잘 살펴야 했다. 구타로 인해 사망한 경우에는 치명적 상흔이 있는지 또는 시신 옆에 흉기가 있는지의 여부를

---

104) 그러나 이러한 것이 오늘날에는 그다지 과학적인 것으로 평가되지 않고 있는데, 이는 검시 방법이 객관적이지 못하였고 또한 재현 가능성이 낮기 때문이라 하겠다. 예를 들어 얼굴이 붉은 경우, 이를 적자(赤紫), 적흑(赤黑), 담홍적(淡紅赤), 미적(微赤), 미적황(微赤黃), 청적(靑赤) 등으로 구분하였는데, 이는 보는 사람에 따라 달리 표현할 수도 있었고 시간이 지나면서 색이 달라질 수도 있기 때문이다.

살펴야 했다.105)

　시신을 살펴 본 바, 죽은 이 여인은 대략 40대 초반인 것으로 보인다. 신장은 4척 9촌이며 전신이 모두 부어올라 있다. 목은 좌측으로 돌아가 있으며 머리는 모두 산발한 상태이다. 머리카락의 길이는 1척 5촌이며 눈과 입은 모두 벌리고 양손은 주먹을 쥐지 않았으며 양다리는 편 채로 있다. 구타당한 후 죽은 경우에는 입을 벌리고 눈을 뜨고 있으며 머리털과 상투가 어지러이 흐트러져 있다고 한다. 또한 의복이 정돈되지 아니하고 두 손은 주먹을 쥐지 않았으며 소변이 속옷을 더럽히는 경우도 있다고 한다. 정황에 미루어 구타당한 흔적이 엿보인다.

　오작(仵作) 김삼불로 하여금 법물(法物)로 전신을 씻어낸 후 손으로 자세히 검사하도록 하였다. 앞면은 정수리부터 양쪽 눈두덩에 이르는 살색이 청흑색으로 부패하여 있다. 부패상태로 보아 온돌에 오래 두었던 모양이다. 눈망울은 보통과 같았고 양 광대뼈 근처의 상하부위와 입술색은 청흑색으로 부패하여 있다. 상하 이빨은 평상시와 같다. 혀가 이빨을 누르고 있고 턱 아래부터 인후부(咽喉部)의 살색은 황색(黃白)이 평상과 같다.

　어깨뼈로부터 가슴 위 부위는 청적색으로 피부가 일어나고 겨드랑이에서 손끝까지는 황백으로 평상과 같다. 가슴 아래부터 명치까지는 황백으로 피부가 간혹 일고 갈비뼈부터 사타구니까지는 약간 청색에 피부가 일고 있다. 음호(陰戶: 여자의 성기)는 평상과 같고 양 무릎 위에서 발가락까지는 황백으로 평상과 같다.

　뒷면은 뇌로부터 목 위까지는 평상과 같고 귀 뒤 밑이 청흑색으로

---

105) 신주무원록, 권상 222~223, 239쪽 이하.

부패하여 있다. 목둘레 좌측에 상처가 있는데 관척(官尺)으로 4촌 4
푼으로 살색이 자적색(紫赤色)이고 경직되었다. 좌우로 둘러보니 부
러지고 어깨 뒤에서 팔꿈치까지 살색이 청적으로 피부가 일고 양 손
등에서 손톱에 이르는 부위는 황백으로 평상과 같다. 타물(손과 발 등 신
체를 제외한 기타 흉기)에 의해 치사(致死)한 경우에는 상흔(傷痕)이 푸른
색, 붉은색, 검붉은색, 매우 검은색 혹은 검고 붓거나 한 것이라 하였
다. 상태로 보아 몽둥이에 가격당한 것으로 보인다. 수족이 부러져 죽
은 경우에는 상흔이 돌아가면서 있다 하였다. 피맺힌 흔적이 있는 것
으로 보아 생전에 심하게 구타당한 것으로 보인다.106)

척추 부위에서 양 신장(腎臟)이 있는 곳까지는 청적색으로 피부가
약간 일고 항문은 평상과 같다. 대퇴에서 발바닥은 황백으로 평상과
같고 음호(陰戶)에 은수저로 시험하니 색이 약간 검으나 곧 물로 씻
으니 희어졌다. 원칙대로라면 살해된 여자가 성폭행을 당하였는지의
여부를 판단하기 위해서는 먼저 죽은 이의 어미와 친속 및 이웃 부
녀가 2~3인이 함께 검험에 참여하게 한 후 산파가 가운데 손가락
의 손톱을 깎고 이를 솜으로 싼 후 이 손가락을 음호(여성의 생식기) 내
에 넣어 검은 핏자국이 있는지를 살펴야 할 것이다.107) 그러나 상황
이 여의치 아니하여 오작 김삼불로 하여금 시행토록 하였다.

살펴본 바에 의하면 실제 사인은 목이 부러진 데 따른 것이 확실
해 보인다(절항치사: 折項致死). 시신을 옷으로 덮어 판위에 둘둘
말아 방에 두고 갈대 바구니로 덮고 회(灰)로 3군데에 뿌려 놓았다.
이 군수는 자물쇠로 방문을 잠그고 밖에서 봉하도록 하고 군인으로
하여금 잘 지키도록 한 후 자리를 떴다.

---

106) 신주무원록, 권하 401쪽 이하.
107) 신주무원록, 권하 323쪽.

제1차의 시신 검험을 행한 후 이 군수는 무원록(無冤錄)의 형식에 의하여 검안서(檢案書)를 만들어 상부관에게 제출하였다.

조선시대에는 이렇듯 인명치사(人命致死)사건에 대해서는 사체가 있는 곳에서 직접 삼검제도에 따른 검증을 하였는데, 검시에 있어서는 특별히 검험관의 마음가짐이 강조되었다. 따라서 현장에 나가기를 미루거나 현장에서 시신을 제대로 살피지 않고 오작이나 항인의 말을 그대로 받아들이는 행동을 금하였다. 또한 현장에서 밤을 지내는 경우에는 사건 관련자의 집에서 묵지 않도록 하며, 될 수 있는 대로 여러 사람의 진술을 받되 거짓말을 하는 경우가 많으므로 이를 잘 살펴야 했다.

현재의 법의학 수준과의 비교

조선시대의 검시방법과 법의학 지식은 오늘날의 법의학 수준에 비추어 볼 때 과연 어느 정도의 수준이었을까. 이하에서는 '신주무원록' 또는 '증수무원록'의 내용을 근거로 조선시대 법의학 수준과 현대 법의학의 수준을 비교·검토해 보기로 한다.108)

---

108) 이와 관련한 내용은, 김호(역), 신주무원록: 이윤성, "신주무원록을 통해 본 조선시대 법의학", 과학동아 2003년 10월호 참조.

◆ **목을 매고 죽은 경우**(이를 액사(縊死)라고 함)

조 선 시 대	현 대
신주무원록에서는 스스로 목을 맬 수 있는 높이인지, 목을 매단 기둥 위에 흔적이 있는지 또는 목을 맨 끈의 상태가 어떠한지를 살피도록 하고 있다.109) 만약 끈이 팽팽하다면 자살이고, 끈이 느슨하다면 이는 누군가를 살해한 뒤 시신의 목을 매달아 자살한 것처럼 꾸며둔 경우인 것으로 판단하였다. 활투두(滑套頭: 매듭을 늦추고 조일 수 있도록 움직이는 올가미)와 사투두(死套頭: 매듭이 고정된 올가미)로 목을 맨 경우에는 발이 땅에 닿게 되고 따라서 무릎을 꿇어도 모두 죽게 된다고 보았다.110)	오늘날에 있어서도 목을 맨 장소가 목을 맬 수 있는 높이인지, 목을 맨 곳의 위에 어지러운 흔적이 있는지, 끈의 길이가 적절한지, 또 매듭의 형태는 어떤지 등은 검시할 때 반드시 살펴야 할 대상으로서 중요한 의미를 갖는다. 그런데 일반적으로 알고 있는 것과는 달리 오늘날에도 발이 땅에 닿아도 목을 매어 죽을 수 있다고 보고 있다. 심지어 엎드린 채로 머리만 들리는 정도로도 사망할 수 있는데, 이는 숨이 막혀서라기보다는 머리로 가는 혈액이 끊겨서 죽는 경우이다. 몸 전체의 무게가 실리지 않아도 목에 있는 정맥이 막힐 수 있어 피가 흐르지 않기 때문이다. 목을 매어 사망한 경우에 얼굴이 검붉은지의 여부는 지금도 중요한 의미를 갖는다. 대들보에 목을 매 발이 공중에 매달린 채 죽은 경우는 체중이 실려 목의 동맥과 정맥이 모두 막혀 울혈(鬱血: 혈관의 일부에 정맥성 혈액의 양이 증가되어 있는 상태)이 보이지 않는다. 반면 목을 졸라 살해한 후 목을 맨 것으로 위장한 경우는 얼굴색이 검붉다. 이는 목을 조를 경우 정맥만 막혀서 머리 쪽으로 피가 몰리기 때문이다.

---

109) 신주무원록, 권상 221쪽: 권하 343, 345쪽 이하.

110) 신주무원록, 권하 301쪽 이하.

◈ 물에 빠져 죽은 경우

조 선 시 대	현 대
신주무원록에서는 물 깊이가 3~4척(대략 0.9~ 1.2m 내외: 1척은 약 30㎝)만 넘어도 죽을 수 있다고 하였다.[111] 실제로 물 깊이가 키보다 얕아도 익사(溺死)할 수 있으며, 심지어는 다른 이유로 의식을 잃은 경우 한 뼘 정도의 얕은 물에서도 익사(溺死)하게 된다. 또한 물에 빠져 죽은 경우에는 입과 코 안에서 흰 물거품이 나온다고 보았다.[112] 시신의 자세와 관련하여 신주무원록에서는 남자는 양기(陽氣)가 얼굴로 모이므로 얼굴이 무거워 익사하면 반드시 엎드리게 되고, 여자는 음기(陰氣)가 등에 모이므로 등이 무거워 익사하면 반드시 드러눕게 된다고 보았다.[113]	현대 법의학에서는 물에 빠져 호흡을 하다가 들이마신 물과 기관지에 남아 있는 공기와 점액이 사망하기 직전의 껄떡 호흡으로 인해 섞여 잘고 흰 거품이 되어 나온다고 보고 있다. 이는 물속에서 살아 있었다는, 즉 익사(溺死)하였다는 중요한 증거가 된다. 시신의 자세와 관련하여 현대 법의학에서는 대개 머리와 팔다리는 부피에 비하여 뼈가 차지하는 부분이 크므로 비중이 높고, 상대적으로 몸통은 비중이 낮다고 보고 있다. 따라서 시신이 물속에서 자유롭게 있었다면, 남녀 여부에 관계없이 머리와 팔다리가 아래로 늘어지는 엎드린 형태로 발견된다고 보므로 신주무원록의 판단은 옳지 않다.

◈ 불에 타서 죽은 경우

조 선 시 대	현 대
신주무원록에서는 불에 타서 죽은 경우에는 피부가 모두 타고 살이 문드러지고, 손과 발을 모두 오그리게 된다고 보았다. 또한 입과 코 안에 검은 재와 그을음이 있는지 없는지를 살피도록 하고 있는데, 만약 입, 코, 귀 안에 모두 그을음과 재가 들어 있다면 이는 생전에 불에 타 죽은 것이라 보았다.[114]	화재 현장에서 발견된 시신이 화재 당시에 생존하였는지의 여부를 판단하는 일은 오늘날에도 매우 중요한 의미를 갖는다. 누군가가 살해한 시신을 은폐하거나 사망원인을 오인하도록 하기 위하여 사후에 불을 지르는 경우가 있기 때문이다. 이때에 가장 중요한 소견은 입과 코<부검을 하였다면 기관(氣管)이나 기관자>에 검댕이 있는지의 여부이다. 만약 숨이 드나드는 길에 검댕이 있다면, 이는 화재 당시에 숨을 쉬었다는 증거로서 화재 당시에는 생존하였음을 말한다.

---

111) 신주무원록. 권하 375쪽.
112) 신주무원록. 권하 383쪽.
113) 신주무원록. 권상 73쪽: 권하 377쪽.
114) 신주무원록. 권하 477~487쪽.

조 선 시 대	현 대
신주무원록에서는 사신의 목구멍에 은비녀를 넣었다 꺼냈을 때 색이 푸르거나 검으면 독살로 보았다.115) '비상'이라는 독약의 황 성분과 은이 결합하면 검게 변한다는 사실을 응용한 것이다.	달걀 요리에 은수저를 넣으면 검게 변하는 것을 볼 수 있는데, 이는 달걀에 있는 유황 성분이 은과 결합하여 얇은 검은 막을 만들기 때문이다.
독극물에 의한 사망 시 이를 검험하는 방법을 좀 더 구체적으로 살펴보면, 은비녀를 조각수(쥐엄나무의 껍질을 삶은 물)로 씻은 후 죽은 사람의 입 안과 목구멍에 집어넣고 종이로 밀봉하였다가, 얼마 지나서 빼내보아 그 색의 변화를 살피게 된다. 만약 청흑색(靑黑色)으로 변하는 경우라면 다시 조각수로 씻어내고 이후에도 색깔이 변하지 않으면 중독사(中毒死)로 보았다. 독기(毒氣)가 없는 경우에는 그 색깔이 선명하게 흰색으로 나타나게 된다.116)	이런 현상은 질산염이나 비소에서도 같다. 이전에 사용하던 독극물 가운데 유황, 질산염, 비소 등을 포함하였다면 은으로는 이를 알 수 있었을 것이다. 그러나 이와 같은 성분이 들어 있지 않은 독극물에서는 반응하지 않으므로 현대 법의학에 있어서는 완전한 방법으로 보지 않고 있다. 현대의 법의독물학 수준에서도 중독사에 따른 원인 물질을 찾는 것은 매우 어려운 과제이다.
독극물 사망인지를 살피는 또 다른 방법으로서 증수무원록에서는 반계법의 예를 소개하고 있다. 흰밥 한 덩이를 죽은 사람의 입안 목구멍 속으로 집어넣고 종이로 덮어두고 한두 시간 지난 후 밥을 꺼내 닭에게 먹여 만약 닭이 죽게 되면 이 경우를 중독사(中毒死)의 경우로 보았다.117)	오늘날에 있어서도 때론 부검 도중에 사신의 위(胃) 내용물을 실험쥐에 먹이곤 하는데, 만약 실험쥐가 죽으면 독극물이 있다고 보아 이를 찾아내는 정밀검사를 실시하기도 한다.

---

115) 신주무원록, 권상 81쪽.

116) 신주무원록, 권하 461쪽.

117) 증수무원록에서 언급한 반계법(飯鷄法)은 사용한 닭을 먹고 죽는 사람이 있어서 영조 6년에 이 방법을 사용하지 않도록 지시하였다. 어쩔 수 없이 이 방법을 쓴 경우라면, 사용한 닭은 바로 폐기하도록 하였다. 반계법은 조선판 동물실험이었다.

◆ 칼날 등에 의해 살해된 경우

조 선 시 대	현 대
신주무원록에서는 칼날 등의 예리한 도구에 의해 살해된 경우 상흔(傷痕: 상처가 난 흔적) 어귀의 피육(皮肉: 가죽과 살)에 피가 있고, 내막(內膜: 체내 기관의 안쪽에 있는 막)이 뚫렸으며, 살이 넓게 벌려지고, 화문(花紋)[118]이 밖으로 나와 있으며 손가락으로 집으면 선홍색 피가 나온다고 보았다.	현대 법의학에서는 살아 있을 때 예리한 도구에 의해 손상을 입은 경우에는 반드시 피가 나와 상처의 주변에서 응고했거나 상처 속으로 스며든 피가 있다고 보고 있다. 또한 생전의 근육 수축으로 인해 상처가 넓게 벌려지게 되는데, 이는 생활반응(生活反應) 때문인 것으로 보고 있다.
그러나 만약 죽은 후에 칼날로 베어 손상을 입힌 경우라면 건조하고 희며, 피가 없으며, 손으로 누르면 맑은 물이 나온다고 하였다.[119]	만약 죽은 후에 칼로 베였다면 출혈이 없을 것이고, 눌러도 피가 섞이거나 섞이지 않은 맑은 조직액이 배어 나오기 쉽다.

---

118) 화문(花紋)은 '속살의 결 무늬'라고 하는데, 아마도 근육의 결을 의미한다고 하겠다.

119) 신주무원록. 권하 419쪽 이하.

◆ **상해를 입어 죽은 경우**(구타당하거나 이빨에 물린 경우)

조 선 시 대	현 대
신주무원록에서는 타물(他物: 다른 물건. 손과 발 등 신체를 제외한 기타 흉기)에 의해 치사한 경우, 상흔(傷痕)은 푸른색, 붉은색, 검은색, 매우 검은색 혹은 검고 붓거나 한 것으로 보았다. 상처는 비스듬하고 혹은 가로지르기도 하고 수직으로 되어 있으므로 대소의 크기를 측정하고 모두 몇 군데인가를 헤아린다.	현대 법의학에서는 이빨에 물린 경우라도 이빨에는 독이 없으므로, 독에 의하여 사망하지는 않는다고 보고 있다.
구타당한 후 죽은 경우에는 입을 벌리고 눈을 뜨고 있으며 머리털과 상투가 어지러이 흐트러져 있다. 또한 의복이 정돈되지 아니하고 두 손은 주먹을 쥐지 않으며 소변이 속옷을 더럽히는 경우도 있다.	만약 이빨에 물린 상처(교흔: 咬痕)로 2차감염이 되더라도 그로 인해 사망하기까지에는 상당한 시간이 소요되는 것으로 보고 있다. 오늘날에 있어서는 이빨로 물린 자국은 주로 성폭행과 관련된 상처인 경우가 많다. 현대 법의학에서는 이빨에 물린 경우라도 이빨에는 독이 없으므로, 독에 의하여 사망하지는 않는다고 보고 있다.
수족이 부러져 죽은 경우에는 상흔이 돌아가면서 있으며, 만약 피맺힌 흔적이 있다면 이는 생전에 구타당한 흔적이다.[120]	
만약 이빨에 물려 부상을 당한 경우라면, 이빨에는 독이 있어 그 독이 창구에 들어가 사망하는 자가 많으니 살아나는 경우가 적다고 보았다. 이빨에 물려 파상(破傷: 몸이 다쳐서 상함 또는 그 상처)된 상처 부위에는 창구가 한 줄로 돌려 있는데, 뼈가 부러지면 반드시 농수가 축축하게 고이고 피육이 상하여 문드러지므로, 이로 인해 치료하여도 낫지 않게 되어 죽게 된다고 본 것이다.[121]	

---

120) 신주무원록. 권하 401쪽 이하.

121) 신주무원록. 권하 441쪽.

조 선 시 대	현 대
신주무원록에서는 남자가 방사(放射)를 지나치게 많이 하여 정기가 모두 소모돼 부인의 몸 위에서 죽은 경우에는 양물(陽物: 음경이라고도 하며, 남자의 외성기를 말함)이 오그라들지 않는 것으로 보았다. 만약 그렇지 않은 경우라면 오그라들게 된다고 보았다.[122]	현대 법의학에서는 방사(放射)가 지나쳐 즉사(卽死)하는 경우가 없는 것으로 보고 있다. 흔히 성교와 관련한 죽음을 복상사(腹上死)라고 하는데, 사망원인은 심장질환일 경우가 많고, 성교 도중이라기보다는 성교 직후에 사망하는 예가 많다. 만약 성교 도중에 갑자기 심장이 멈추게 되면 음경이 커진 상태일 수도 있으나, 심장 발작이 일어나서 사망할 때까지 조금이라도 지체하면 그사이 음경이 오그라들 수 있다. 따라서 음경의 상태로 사망원인을 판정하는 것은 문제의 소지가 있다.

조 선 시 대	현 대
신주무원록에서는 살해된 여자가 처녀인지의 여부를 판단할 때에는 먼저 죽은 이의 어미와 친속 및 이웃 부녀 2~3인을 함께 검험에 참여하게 한 후 산파가 가운데 손가락의 손톱을 깎고 이를 솜으로 싼 후 이 손가락을 음호(陰戶: 여성의 생식기) 내에 넣어 검은 핏자국이 있으면 처녀이고, 없으면 처녀가 아닌 것으로 보았다(조선시대에는 여자의 음부를 속속 들여다볼 수 없었을 것이므로 산파로 하여금 손가락을 넣어 보도록 한 것이다).[123]	현대 법의학에서는 살해된 여자가 처녀인지를 판단해야 할 경우 처녀막이 온전한지의 여부를 직접 보아서 판단하고 있다. 손가락을 넣어 판단할 경우 시신의 경우에는 출혈이 없으며, 처녀인 경우라도 성행위가 아닌 외부의 힘에 의해 처녀막이 이미 파열된 경우도 있을 수 있으므로 그 정확성을 가늠하기가 상당히 어렵다. 오히려 솜에 핏자국이 있다면, 처녀 여부와 상관없이 강간 등의 성폭행이 있었는지를 확인할 필요가 있고, 또 월경 중이었을 가능성도 염두에 두어야 한다.

---

122) 신주무원록, 권하 539쪽.

123) 신주무원록, 권하 323쪽.

◈ 친자감정의 방법

조 선 시 대	현 대
신주무원록에서는 친자를 확인하는 방법으로서[124] 자식의 몸을 찔러 한두 방울의 피를 내어 부모의 해골 위에 떨어뜨리면 친생(親生)의 경우 피가 뼛속으로 스며들게 되나, 그렇지 않은 경우는 스며들지 아니하는 것으로 보았다.[125]	현대 법의학에서는 부모의 해골 위에 피를 떨어뜨려 스며드는지의 여부로 친자 여부를 감정할 수는 없다고 보고 있다. 매장한 뼈에 지방 성분이 분해되지 않았거나 골막이 유지돼 있으면 혈액은 스며들지 않고 흘러내리게 되기 때문이다. 따라서 현대에서는 약간의 조직만 남아 있어도 유전자검사(DNA검사)에 의해 정확한 감정을 시행한다. 따라서 신주무원록에서의 친자감정방법이 현대 법의학 측면에서는 옳은 방법이 아니다.

---

124) 이는 신체발부(身體髮膚)는 부모에게 받은 것이므로 대개 "자식은 아버지가 남긴 몸뚱이(遺體)요, 낳은 자는 어머니다."라는 관념이 전제되었다.

125) 신주무원록, 권상 91쪽.

제3. 소송청탁을 받은 재판관은 그 자리에서 물러나라 – 청탁의 끝은?

법조비리(法曹非理) 문제로 세상이 시끄럽다. 법조비리는 재판의 공정성을 의심케 하여 재판의 신뢰를 떨어뜨리고 결국 소송당사자로 하여금 재판을 불신케 하는 주된 요인이 된다. 오늘날에 있어서는 재판의 공정성을 담보키 위해 법률로 제척(除斥)·기피(忌避)·회피(回避)제도를 두어 만전을 기하고 있다. 제척(除斥制度)이란 재판의 공정성 유지 및 적법한 절차의 보장을 위해 인정된 제도로서, 법관이 구체적 사건에 대해 법률이 정한 특별한 관계가 있을 때 법률상 당연히 그 사건에 대한 직무집행을 행할 수 없도록 하는 제도이다. 기피(忌避)란 제척원인 이외 재판의 공정을 기대하기 어려운 사정이 있는 경우에 당사자의 신청을 기다려 재판에 의해 직무집행에서 배제토록 하는 제도이다. 회피(回避)는 재판을 맡게 된 법관이 자신의 의사에 의해 그 재판에서 물러서는 제도이다.

조선시대에도 재판의 공정을 담보하기 위하여 현재와 같은 유사한 제도가 존재하였을까. 당시에도 오늘날의 제척제도와 유사한 상피제도(相避制度)와 재판관에 대한 청탁을 금하는 분경금지법(奔競禁止法)이 있었다. 상피(相避)는 원래 특별한 관계에 있는 일정 범위의 사람들을 같은 관사(官司)에 또는 통속관계의 관사에 관리로서 같이 있지 못하도록 하는 제도이다. 그런데 경국대전에 상피(相避)되는 범위를 기재하면서 주석(註釋)에 청송(聽訟)에서도 마찬가지로 하여 재판에서도 적용되도록 하였다. 경국대전 형전(刑典) 사천조(私賤條)에서 이에 대해 규정하고 있는데, 송관상피(訟官相避)는 재판을 담당하는 관서인 장예원, 형조, 한성부, 사헌부 등을 그 대상으로 하였다.126)

상피의 범위는 고려시대의 제도를 거의 수용한 것으로 보인다. 부계·모계는 4촌, 처족은 3촌의 범위로 하였다. 상피의 범위에 들어서 또는 들지 않더라도 송관 자신이 공정성을 의심받을 우려가 있다고 느껴지면 스스로 재판을 회피하기도 하였다.127) 판결을 하는 재판관이 상피에 해당하는 경우에는 그 처리를 다른 관아로 넘겨 처리한다는 타사이송결절(他司移送決折)이 관례였다.128)

또한 조선시대에는 분경금지법(奔競禁止法)이라 하여 재판관에게 소송청탁(訴訟請託)을 하는 것을 법으로 금하였다. 본래 분경(奔競)은 금품이나 연줄 그 밖의 온갖 방법으로 벼슬자리를 구하는 의미로 쓰였으나, 아울러 송사를 하는 이해당사자가 소송에서 이기기 위해 재판관에게 청탁하는 뜻으로도 쓰였다. 이렇듯 법률로서 분경(奔競)이 금지되었음에도 이를 무릅쓰고 소송을 위해 재판관에게 청탁을 하는 경우가 많았다. 재판관에게 청탁을 한 경우 재판관 본인 및 청탁을 한 자 모두에게 큰 짐이 되었고, 급기야는 양자 모두가 피해자

---

126) 이기명, 조선시대 상피제의 운영실태 연구, 동국대학교대학원 사학과 박사학위논문, 2003, 45, 52~53쪽.

127) 이를 피혐(避嫌)이라 하며, 소송당사자가 송관(訟官)에 대하여 기피신청(忌避申請)을 하는 경우를 귀태(鬼胎)라 하였다.

128) 태종실록 4, 태종 2년 8월 庚子條; 세종실록 122, 세종 30년 10월 辛酉條; 성종실록 33, 성종 4년 8월 癸亥條.

가 되었다.

오늘날에도 소송청탁은 그리 낯선 단어가 아니다. 요즈음은 의미는 조금 다르지만 '전관예우'라는 단어가 우리에게 더 익숙할지 모른다. 이는 법관이 어느 한쪽 편에만 치우침으로써 소송당사자 간의 공평성을 무너뜨리고 이로 인해 재판에 대한 신뢰를 깨뜨리게 하므로 근절되어야 한다. 조선시대 역시 예외는 아니었을 것이다. 만약 조선시대에 재판을 담당하는 관리가 사건 당사자로부터 소송과 관련한 청탁을 받았다면 이를 어떻게 처리하였는지 구체적 사례를 통해 살펴보기로 한다.129)

중종 때의 일이다. 한성부(漢城府)에서 사헌부(司憲府)로 이관된 소송사건이 있었는데, 당사자 중의 한 사람이었던 허순형(許順亨)이란 자가 사헌부(司憲府) 장령(掌令: 사헌부의 정4품 벼슬)이던 황윤준이란 자의 인척인(사촌매부의 동생) 송천동에게 황윤준을 만나 선처해 줄 것을 간청하였다.

"내 사건이 한성부에서 사헌부로 이관되었소. 내가 듣기에 당신이 사헌부 장령인 황윤준과 잘 아는 사이라고 하니 내 소송과 관련하여 그를 만나 선처를 해 주도록 청을 넣어 주시오!"

이에 송천동이, "나와 그의 사이는 막역한 사이이니 필시 내 부탁을 들어줄 것이오. 내 그리하리다."며 허순형의 부탁을 승낙하였다.

그런데 송천동이 황윤준의 집을 다녀 나오다가 마침 그의 뒤를 밟으며 감시하고 있던 상대방 당사자인 박소에게 들키고 말았다. 그러자 박소는 송천동을 포박하여 황의 집으로 데리고 들어가, "너는 어찌하여 분경금지법이 있음에도 소송청탁을 예사로 아는 것이냐. 네

---

129) 박병호, 272쪽 이하.

신분이 사헌부 장령의 위치에 있음을 잊었느냐!"라며 온갖 욕설을 퍼부으며 황을 힐난하였다. 그뿐 아니라 황을 사헌부(司憲府)로 끌고 가 사헌부 관원들이 보는 앞에서 갖은 말을 다하며 소송청탁을 받은 사실을 폭로하였다.

그로 인해 황윤준은 네 번이나 사의(辭意)를 표명하였다.

그러나 사헌부에서는, "황윤준이 장령(掌令)의 신분으로서 송천동을 만나지 않았어야 바로 허물이 없는 것입니다. 그러나 황윤준이 박소로부터 이러한 모욕을 당한 것은 실로 더 중대한 일이 아닐 수 없습니다. 황윤준의 사의(辭意)를 반려하시고 박소를 왕명(王命)에 의하여 엄히 다스리소서!"라고 임금에게 아뢰었다.

임금이 이르기를, "소송당사자가 재판관의 허물을 들추는 것은 예사이지만 박소의 경우처럼 대관(臺官)을 능욕하는 일은 일찍이 없었다. 만약 대관(臺官)인 황윤준을 면직시킨다면 간사한 무리들이 대관(臺官)을 능욕하는 짓을 예사로 할 것이니 황윤준을 용서하도록 하라."라고 명하였다.

그러자 홍문관(弘文館)에서는, "소송청탁을 받은 황윤준을 비호하려는 사헌부(司憲府) 관리 전부를 갈아 치워야 합니다. 그리해야 영이 바로 설 것입니다."라고 상소하였다. 이에 사간원(司諫院)에서는 "사헌부 관리 전부를 갈아 치우는 것은 말도 안 됩니다. 황윤준과 송천동 둘만을 다스리시는 것으로 족합니다."라고 상소하여 이 일로 인하여 조정 내에 논쟁이 가열되었다.

이에 임금은 어쩔 수 없이 절충적인 입장을 받아들여 형조(刑曹)로 하여금 황윤준, 송천동 두 사람을 함께 처벌하도록 명하였다.

또 다른 사건으로서 장예원에서 민례(閔禮)라는 자와 한세보(韓世

備)라는 자의 처(妻)와의 노비 소유권을 둘러싼 분쟁을 재판하였다. 이후 민례가 장예원이 내린 1심 판결에 불복하여 사헌부에 항소하자, 사헌부에서는 장령(掌令)인 윤사익(尹思翼)으로 하여금 이 사건을 담당하게 하였다.

그런데 한세보의 아들인 한비가[130] 윤사익의 집을 찾게 된 것이 화근이 되었다. 즉 손님이 왔다 하여 들이라 하였더니 그가 바로 한비였던 것이었다. 이런저런 이야기를 나누던 차에 한비가 자기 어머니의 소송사건에 대하여 이야기를 꺼내자 윤사익은 이를 탐탁지 않게 여기며 말꼬리를 돌렸다. 분위기가 이상해지자 한비는 서둘러 그 자리를 뜨고 말았다.

윤사익은 이것이 분명 '분경금지령(奔競禁止令)'에 저촉되는 것이라 여겨 대사헌 박호(朴壕)를 찾아가, "제가 법사(法司)의 관원으로서 사건의 내용을 담당·조사하고 있는 중인데, 사건 관련자인 한비가 감히 저를 찾아와 청탁을 하니 이는 잘못된 폐단이며 이런 일은 모름지기 방지하고 금지해야 할 것입니다."라고 고하였다.

이 사건은 곧 공개되었고 윤사익을 처벌할 것인가에 대해 사헌부(司憲府)와 사간원(司諫院) 간에 열띤 논쟁이 계속되었다. 결국 임금이 이를 무마하기에 이르러, 한비와 윤사익을 모두 체포하여 조사하는 것으로 결정 내려졌다.

위의 사례들에서 알 수 있듯이 소송에 대한 청탁은 법에 의해 금지되고 있었으나 정리상 근절되기는 어려웠다. 그러면서도 당사자인 관원은 의당 사의(辭意)를 표명하는 것이 관례였고 또 그것이 당시에는 당연한 것으로 여겨졌음을 알 수 있다.

---

130) 당시 한비는 상의원(尙衣院)의 직장(直長: 30개의 중앙부서에 있던 종7품의 벼슬) 벼슬을 하고 있었다.

현재의 우리 법조인 및 소송당사자들은 이러한 조상들 삶의 경험
으로부터 과연 무엇을 배워야 할지 곰곰이 되씹어 볼 일이다.

제 4. 시집간 서얼 언니에게
노비를 빌려 주었더니 - 문서의 중요성

조선시대에도 역시 자신에게 내려진 판결에 불복(不服)할 경우 상급기관에 호소하여 그 시정을 구할 수 있었다. 즉 지방의 경우는 관찰사에게, 형조는 지방에서 올라온 소송에 대하여 스스로 판결하기도 하였고, 노비의 건이면 장예원으로, 전답의 건이면 한성부로 보내 심리토록 하였다. 사헌부는 억울함을 호소하는 경우에 상급심 역할을 하였고 임금에게까지 호소할 수 있는 길을 열어 놓았다.

항소심이라 할 수 있는 재판이 같은 기관 또는 같은 심급에서 이루어짐을 볼 수 있는데, 중앙에서는 판결에 불복할 경우 원칙적으로 판결한 당상관이나 방장이 교체된 뒤 2년 안에 다시 제소토록 하고 있다. 지방에서는 수령이 바뀌면 다시 제소하였다.

특히 관찰사나 경차관(敬差官: 지방에 임시로 보내어 전곡(田穀)의 손실을 조사하고 민정을 살피게 한 벼슬)에게 하는 의송(議送)은 수령에게 진정·청원하였으나 받아들여지지 않았을 때 상급 관청에 호소하는 경우와, 민사사건에서 항소하거나 또는 수령에게서 패소판결을 받고 이에 불복하여 다시 관찰사에게 상소하는 경우 등을 총칭하는 개념이었다. 이렇듯 의송은 소송사건 이외에도 억울함을 풀기 위한 상급관청에의 일반적인 불복방법으로 이용되었던 것으로 보인다.

의송의 경우 대체로 스스로 재판(자판: 自判)하기보다는 원심으로 돌려보내거나(파기환송: 破棄還送), 다른 고을의 수령에게 심리토록 하였다. 그 후 다시 행하여진 재판에서도 만족을 얻지 못하면 또다시 관찰사나 경차관에게 상소하였고 이 과정은 여러 번 반복될 수 있었다.[131]

조선시대에 있어서 노비는 특히 재산의 중요 일부분이었기에 노비의 소유권이 누구에게 있느냐와 관련하여 분쟁이 잦았다. 노비 관련 분쟁은 특히 가족이나 친척 간에서도 빈번하게 발생하였는데, 한 사례를 통해 당시의 노비 관련 소송의 면면을 들여다보기로 하자.[132]

서얼 언니이긴 하였으나 언니의 시댁과 그 동생 간에 발생한 사건으로서, 동생인 이씨 부인이 자신이 소유하던 노비의 소유권 문제로 분쟁이 발생하자 관할 관청에 소를 제기하였던 것이다. 그러나 이씨 부인이 뜻하는 바대로 결론이 나지 않자 경상도 관찰사에게 억울하다 하여 의송(議送: 수령에게서 패소판결을 받고 이에 불복하여 다시 관찰사에게 상소하는 것)한 것이었다.

소지(所持: 당시의 소장)에 담겨 있는 이씨 부인의 주장은 다음과 같다.

"제 아비는 슬하에 적자(嫡子)와 천첩(賤妾) 소생의 서얼(庶孼: 서자와 그 자손) 자식을 두었는데, 천첩 소생 중 한 명이 바로 저의 서얼(庶孼) 언니인 조을이입니다. 그런데 조을이가 시집갈 때 저의 아비가 조을이에게 노비 1명도 붙여주지 못하고 죽고 말았습니다. 때문에 조을이는 자기 곁에 자신을 거들어 줄 노비 1명도 두지 못하고

---

131) 관찰사는 원, 피고를 불러 심리하지 않고 판결의 지침만을 제시할 뿐이므로, 사실심은 수령의 단계에서 이루어지게 된다.

132) 안승준, "1556년 이씨부인이 경상도관찰사에게 올린 의송", 문헌과 해석(2000년 겨울호: 통권 제13호), 56쪽 이하.

시집에서 매우 불편한 생활을 하였습니다.

그러던 차에 조을이가 근방에 살고 있던 저에게 자신의 사정을 호소하며 노비 한 명을 보내 줄 것을 애걸하였던 것입니다. 이는 조을이의 친동기간이 모두 머나먼 다른 지역에 살고 있어 직접 상의하거나 도와줄 입장이 되지 못하였기 때문입니다. 저는 천첩자식인 조을이를 배려하지 못하고 돌아가신 아비의 뜻을 헤아려 제가 아비로부터 물려받은 여종 선비를 조을이에게 보내주게 되었던 것입니다.

그러나 이는 어디까지나 임시로 빌려 준 것이었지 영원히 소유권을 넘겨준 것은 아니었습니다. 그럼에도 권덕충이란(조을이 시양자의 아들) 자는 제가 이 문제의 해결을 위해 보낸 노비를 붙잡아 이야기를 들어보려고 하기는커녕 곤장을 때리고 집 안에 발도 들여놓지 못하게 하고는 내쫓아 버렸습니다. 그런데 더욱 가관인 것은 권덕충이 제가 빌려 준 노비를 돈을 주고 샀다고 주장하는 거짓 문서를 내보이며 그 자식들을 숨기고 내주지 않는다는 것입니다."

이씨 부인의 소지에 나타난 사실관계를 다시 정리해 보면, 당시 이씨 부인이 여종 선비를 조을이에게 보낸 것은 어디까지나 임시로 빌려 준 것이었지 영원히 그 소유권을 넘겨준 것은 아니었다. 세월이 흘러 여종 선비가 자식을 낳을 때까지도 이씨 부인과 언니 조을이 사이에는 여종 선비의 소유권이 누구에게 있는가에 대한 문제가 여전히 해결되지 아니한 상태였다. 그러던 중 여종 선비가 점차 나이를 먹게 되자 이씨 부인은 가능한 한 빨리 자기 여종을 되찾아 와야겠다는 결심을 굳히게 되었던 것이었다. 이는 여종 선비보다도 그가 낳은 자식들에 대한 재산권을 지켜야 할 필요성이 있었기 때문이었다.

마침 여종 선비가 죽게 되자 이씨 부인은 그 즉시 자기의 종을 파견하여 그 소유권을 주장하였던 것이다. 당시 선비와 그 자식들을 현실적으로 점유하고 있던 사람은 조세동(조을이의 남편)의 시양자(侍養子: 곁에서 시중을 들며 봉양하는 아들) 권처중의 아들 권덕충이라는 사람이었다(조세동이 후세를 이을 자식이 없어 시양자를 들인 것으로 보인다). 권덕충의 생각은 이씨 부인의 생각과 달랐다. 그는 서조모(庶祖母)인 조을이가 시집올 때 정식 분재(分財)를 통해 받은 것은 아니었으나 어쨌든 서조모의 적(嫡)동생으로부터 한 명의 여종을 받았기에, 이 종은 서조모(庶祖母)만 죽으면 자연히 그들 소유가 되는 것으로 여기고 있었다(아마도 조세동이 살아 있었다면 이 같은 일이 결코 일어나지 않았을 것이다).

이씨 부인은 이와 같은 내용을 정리하여 노비가 살고 있는 청하현에 소지를 제출하였다. 그러나 청하현에서는 노비에 대한 그녀의 소유권이 인정되지 않자 의송(議送)으로서 경상감영에 이 같은 민원을 다시 제기하게 된 것이었다.

이씨 부인은 자기의 주장이 정당하다는 것을 당시의 정황과 함께 매우 설득력 있게 주장하였는데, 조사의 중점 내용을 다음의 2개 항목으로 구분하여 주장하였다.

"제가 두 가지로 나누어 말씀드리고자 합니다. 먼저, 권덕충이 임시로 빌려 준 저의 노비를 돈을 주고 샀다고 주장하고 있습니다만, 이는 사실이 아닙니다. 권덕충은 자신이 돈을 주고 노비를 샀다는 사실을 주장하기 위해 조상으로부터 전해져 내려온 문서와 매매계약서를 위조하기까지 하였습니다. 뿐만 아니라 이 위조된 문서를 가지고 관의 증명까지 받아두었으니 이는 강도죄에 해당하며 형률로 다스려 징계하여야 할 것입니다.

두 번째로 아룁니다. 법에 의하면 비록 친부모의 문서라 할지라도 공정하지 않으면 70세 이상을 노장으로 취급한다고 하고 있습니다. 이는 노인의 진술을 사실로 인정하지 아니하여 법령을 적용하지 않는다는 것입니다. 그런데 권덕충 등은 눈멀고 귀먹은 90세의 여종 선비를 사주하여 매매계약서를 작성한 것으로 보입니다. 따라서 그 계약서는 진정한 사실에 근거한 것이 아닐 수 있습니다. 그러므로 계약서 상의 증인 및 문서작성자를 함께 조사 심문해 철저히 사실을 밝혀야 할 것입니다."

이에 대해 권덕충은, "이씨 부인의 주장은 사실이 아닙니다. 저희 집안에서는 여종 선비를 정당한 계약을 통해 돈을 주고 산 것입니다. 결코 일시적으로 빌린 것이 아닙니다. 전래되어 오는 노비문서와 매매계약서를 보시면 그 진위 여부를 아실 것입니다. 이씨 부인이 매매계약서가 진정한 것이 아니라고 하나 그것은 거짓입니다. 그것이 사실이기에 관에서 증명까지 해 준 것이 아닙니까! 어찌 거짓을 아뢰겠습니까!"라며 이씨 부인의 주장을 조목조목 반박하였다.

이러한 양쪽의 주장을 접한 경상도 관찰사의 판단은 매우 원칙적이었다. 관찰사는, "이씨의 소지(所持) 내용에 따르면 바르지 못한 듯하다."라며 다소 애매한 표현으로 판결의 서두를 꺼냈다. 이 의미는 해석하기에 따라서 이씨 부인의 주장을 받아들여 권덕충의 행위가 올바르지 않다고 판단한 것으로 보이기도 한다.

그러나 관찰사의 판단은 그것이 아니었다. 어디까지나 이씨 부인이 보낸 문장의 내용에 따르면 바르지 못하다는 것이지, 전체적으로 볼 때 권덕충이 바르지 못한 것은 아니라고 보았던 것이다. 관찰사의 판단은 오로지 전해져 내려온 문서 혹은 시비(是非)가 되고 있는 계약서의 진위(眞僞) 여부에 따라 시행하라는 것이었다.

이는 민사재판에서 문서의 중요성이 얼마나 큰지를 보여 주는 단적인 예라 하겠다. 그렇다면 당시의 문서생활은 어떠하였을까! 당시의 문서생활의 실상 및 문서가 가지는 의미를 짐작게 할 수 있는 자료로서 조선 후기의 것으로 추정되는 '유서필지(儒胥必知)'라는 책을 들 수 있다. 이 책에서는 유가(儒家)나 서리(胥吏) 모두가 반드시 알아두어야 할 문서형식 등을 수록하고 있는데, 이를 통해 당시에 다양하고도 충실한 문서활동이 있었음을 가히 짐작게 한다.

문서의 형식은 크게 7가지로 나누어 볼 수 있다. 먼저 국왕에게 직접 청원하는 상언(上言), 국왕이 거동할 때 직접 면전에서 징을 치며 올리는 격쟁원정(擊錚原情), 일반적으로 지방수령에게 올리는 소장인 소지(所持), 제수(祭需)를 올리거나 부의(賻儀)를 올리는 단자(單子), 서리(胥吏)와 같은 아전(衙前)이 수령 등에게 올리는 고목(告目), 계약서인 문권(文券), 어떤 사실을 알리는 통문(通文) 등이다.[133]

조선시대에는 노비나 부동산 등을 매매할 때 매매계약서(文記: 明文) 자체가 권리증(權利證)이었으므로 여러 차례 계속하여 매매가 이루어진 경우에는 그간의 계약서를 연대순으로 붙이거나 철해져 있었기 때문에 거래의 수만큼 부피가 커지곤 하였다. 자기의 권리를 입증하기 위해서는 권리가 이어져 내려온 유래를 입증할 수 있는 일체의 각종 문서를 가지고 있어야 했고, 이를 통해 자신의 권리를 증명하여야 했다.

---

133) 박병호, 209～211면 참조.

〈표 10〉 ■ 각종 문서의 예 ■

명 칭	용도 및 종류
상 언(上言)	· 효자를 선양하기 위한 경우. · 충신으로 현양하기 위한 경우. · 하나의 단체로서의 사람(士林)이 상언하는 6가지의 상언형식과 개별적으로 당해 자손들이 올리는 6가지 형식의 상언으로 나누어짐.
격쟁원정 (擊錚原情)	· 조상 중 원통한 일을 당한 경우 이를 풀어줄 것을 애원하는 경우. · 양자를 들이기 위한 경우. · 선산에 타인이 함부로 입장(入葬)하므로 이를 금할 것을 청하는 경우 등.
소 지(所持)	· 묘(墓)와 관련하여 제기하는 소지. · 채무의 추심이나 면역(免役)을 위한 소지. · 가옥이나 토지권리문서의 분실이나 소실 등의 경우에 그 확인을 구하기 위한 증명발급을 위한 소지 등.
단 자(單子)	· 청원서가 아닌 경우로서 종가의 제사에 제수(祭需)를 올리기 위한 경우. · 양반이나 아전 등이 조문(弔問)하는 경우 등.
고 목(告目)	· 각 관청의 서리가 공무에 관하여 상사에게 알리는 경우. · 아전이 수령에게 문안하는 경우 등.
문 권(文券)	· 양반이 가옥의 매매를 종에게 위임하는 패지. * 패지(牌旨)란 신분이 높은 사람이 비천한 사람에게 정식으로 보내던 글발을 말함. · 상민이 가옥을 매매하는 문권. · 농지매매계약서, 대차계약서, 종의 매매계약서, 산지매매계약서 등.
통 문(通文)	· 특정인에 대한 증직 또는 서원건립을 위한 경우 등에 이용함. * 증직(贈職)이란 공신, 충신, 효자 및 학덕이 높은 사람 등에게 죽은 후에 벼슬을 주거나 높여 주던 일을 말함.

　이러한 문서에 있어서 본인의 확인이 중요한 의미를 갖는데, 과연 조선시대에는 어떠한 방법을 통해 계약서나 그 밖의 문서에 자신과의 관련성을 표시하였을까! 조선시대의 일반적인 생활관행은 인장(印章)을 사용하지 아니하고 오늘날의 사인에 해당하는 수결(手決) 또

는 수촌(手寸)을 사용하였다. 이는 위로는 국왕으로부터 아래로는 서민에 이르기까지 일반화되었던 것으로 보인다. 이러한 관행이 있었음은 현재의 우리들에게 큰 놀라움을 안겨 준다. 당시에도 지금과 같은 사인제도가 있었다니!

당시 보통 성명(姓名)을 가지고 있는 상민 이상의 남자들은 자기의 이름자를 초서로 풀거나 혹은 좌우상하로 글자체를 뒤바꾸거나 변을 떼어 흘림으로써 남이 알아보지 못하는 고유의 사인을 가지고 있었다. 때론 '일심(一心)'을 독특하게 그리기도 하였다. 이를 수결(手決) 또는 화압(花押)이라고 하며 모든 공사문서에는 이 수결(手決)을 사용하였다.

한편 글씨를 모르는 상민이나 천민은 수결(手決)을 사용하지 못하였고 수촌(手寸)이라는 독특한 사인을 사용하였다. 남자는 왼손의 중지 모양을 그렸는데 예컨대 계약서를 작성할 경우에는 매도인으로서 이름을 쓰고 이름 밑에 먼저 짤막한 수평의 기선을 긋는다. 거기에 중지의 기저를 대고 손가락 끝에 손가락 넓이의 선을 기선과 평행으로 긋고 손끝의 최정점을 찍는다. 그런 다음 손가락의 양옆을 따라 상하로 직선을 긋는다. 첫째 마디와 둘째 마디의 폭을 점으로 표시한 다음 손가락을 지면에서 뗀다. 그러면 이름 밑에 자기 손가락 크기의 기다란 제형이 그려지는데 그 제형 중간에 좌촌(左寸)이라고 써넣는다.[134] 천민(賤民) 여자의 경우는 오른손 중지를 위와 같이 그리고 우촌(右寸)이라 썼다. 좌(左)는 양(陽)을, 우(右)는 음(陰)을 표시하므로 수촌도 남좌(男左) 여우(女右)로 하였다.[135]

그렇다면 조선시대에는 인장을 사용하지 않았던 것일까! 당시에

134) 심희기, 34∼35면.
135) 박병호, 203∼204면 참조.

인장은 오직 관아와 각 관방, 단체(예: 종중(宗中), 계(契), 기타의 결사(結社) 등)와 서화의 낙관(落款)용 그리고 양반부인에 한하여 사용되었다. 관아(官衙)에서 쓰는 관인(官印)은 각기 관아의 물질에 따른 규격이 법전에 규정되어 있었다. 처음 관인을 만들거나 또는 관인을 바꿀 경우에는 그 인영(印影)을 예조(禮曹)에 등록하였다.136)

양반 부인도 유독 인장(印章)을 사용하였는데 각기 품질에 따른 인장의 규격이 역시 법률로 규정되어 있었다. 즉 2품 이상의 처는 방이 1촌 7푼(대략 5.1㎝), 6품 이상은 1촌 4푼(대략 4.2㎝), 7품 이하는 1촌(대략 3㎝)으로 된 방인(方印)을 이용하였다.137) 원래 인장에는 모관모씨인(某貫某氏印: 예컨대 전주 이씨 인)으로 새기게 하였으나, 동성 동본끼리 빌려 쓰는 예가 많아지자 모처모씨인(某妻某氏印: 예컨대 박○○ 씨의 처 김씨 인)으로 새기게 하여 이것이 관례로 되었다.

인장이 없는 부인은 오른손에 먹물을 발라 손바닥을 찍거나 오른손의 둘레를 그리고 가운데에 우수장(右手掌)이라 쓰기도 하였다.

조선 후기에 들어서면서는 수촌법(手寸法)이 문란해짐으로 인해 원칙대로 그려지지 않게 되었으며 양반부인의 인장도 별로 사용되지 않았다. 그러나 관인은 규정대로 엄격히 지켜졌으며 반드시 기수(基數: 하나에서 아홉까지의 정수)로 날인하였다. 평상시에는 붉은색으로 찍었으나 국상(國喪)일 때에는 먹물로 검게 찍도록 하였다.

부동산매매에 있어서의 문서의 중요성 역시 별반 다르지 않다. 여말선초(麗末鮮初)의 과전법(科田法) 시행 당시에는 농지의 매매가 금지되었으나, 조선시대에 들어서는 합법적인 매매가 허용되었다(세종 6년 3월부터). 처음에는 공증에 관한 법적 기초가 없었으나 세종 7년 8

---

136) 현재 '인신등록(印信謄錄)'이라는 예조의 기록이 규장각도서로 전해 오고 있다.

137) 경국대전(經國大典) 예전(禮典) 용인조(用印條).

월에 매매의 진위에 관해서 이웃 동네사람이 보증하면 '입안(立案: 토지나 가옥의 매매에 있어 권리가 이어져 내려온 유래를 증명하는 문서가 소실된 경우 관에서 발급받는 증명서)'을 발급받을 수 있도록 하고, 만약 이를 받지 않으면 그 농지를 관청에서 거두어들이도록 하였다.[138]

〈표 12〉 ■ 매매계약서의 입안절차(立案節次)[139] ■

순 서	내 용
1	· 매매계약서(명문: 明文)를 작성하여 소유권이 이전되면 매수인은 계약서를 첨부하여 소지(所持: 입안신청서)를 소관 수령(守令)에게 제출한다.
2	· 수령은 명문(名文)과 소지(所持)를 검토한 후에 입안절차(立案節次) 진행의 결정을 내린다. 수결(手決: 서명)을 하고 결정일자를 기입하고 관인(官印)을 날인한다.
3	· 매도인에게 매매목적물이 자기의 것이었다는 사실, 매수인에게 틀림없이 매도하였다는 사실이 사실인가를 심문한다. · 매도인이 무엇을, 언제, 누구에게, 얼마에, 어떻게 매도하였으며 그것이 진실이라는 뜻을 말로써 맹세하는 이른바 다짐을 하면 서리(胥吏)가 그 내용을 그대로 문서화한다.
4	· 매도인이 그 다짐한 문서에 수결(手決)을 하면, 수령이 이를 확인한 다음 수결(手決)을 하고 관인(官印)을 날인한다.
5	· 그 매매에 참여했던 증인과 필집(筆執: 계약서의 작성자)을 심문한다. 증인에게는 매매계약 체결 시에 증인으로서 입회한 것이 사실인지, 그리고 그 계약내용이 진실인가를 심문한다. · 필집(筆執)에게는 그 계약서를 틀림없이 작성했는지를 심문한다. 이들이 그 사실을 말로써 다짐하면 서리(胥吏)가 그대로 고음을 작성한 다음 이들에게 수결(手決)을 하게 한다. · 고음도 수령이 확인한 다음 수결을 하고 관인을 날인한다.
6	· 수령은 경국대전 예전(禮典)에 정해진 형식에 따라 입안본문(立案本文)을 작성하는데 그 내용은 그 매매가 합법적으로 진실하게 이루어졌음을 확인하는 것이다. · 입안본문에 수령이 수결하고 관인을 날인한다.
7	· 소지(所持), 명문(名文), 고음(題音), 입안본문(立案本文)의 순서로 이들을 풀로 붙여 그 연계선에도 관인을 날인한 다음 입안신청자인 매수인에게 교부한다.

138) 經濟六典 續田謄錄(세종 8년).

이후 세종 23년부터는 입안을 받지 않아도 관청에서 거두어들이지 않게 되었고, 세종 27년부터는 매매 후 3년 내에 입안을 받도록 하였다. 이러한 제도는 경국대전에 이르러 자리를 잡게 되는데, 논밭과 가옥을 매매한 경우에는 15일이 지나면 계약을 해제할 수 없었으며, 계약체결일로부터 100일 이내에 소관 관서에서 매매에 대한 공증인 입안을 받도록 하였다.

그런데 만약 이러한 문서가 분실(紛失) 등으로 인하여 없어지게 된 경우에는 어찌 되었을까! 이러한 경우 자기 것이라 하더라도 마음대로 처분할 수 없었을 것이고 사기를 원하는 자 역시 사기를 꺼리게 마련일 것이다. 혹 다른 사람이 권리를 주장하면 진정한 소유자는 문서가 없으므로 당장 곤경에 빠질 수밖에 없었다. 따라서 이러한 경우에 대처하기 위해서 이를 구제하는 제도가 마련되었다.

즉 문서를 분실(紛失), 도실(盜失), 소실(燒失)하였거나 또는 오래되어 문서의 일부가 썩었거나 쥐가 갉아 먹었기 때문에 내용이 불분명한 경우에는 관할 수령에게 그 사실을 확인하는 입지(立旨: 신청서 끝에 신청한 사실을 입증하는 뜻을 부기하는 관부의 증명)를 청구하여 권리를 보전(保全)할 수 있도록 한 것이었다.[140] 입지(立旨)는 권리관계가 불안한 모든 경우에 확장하여 발급됨으로써 17세기 이후 소유 및 거래질서에서 아주 중요한 역할을 하게 된다.[141]

경상관찰사는 이씨 부인의 사건을 원래의 관할 관청인 청하현으로 돌려보내 다시 심판하도록 하였다. 결국 소송은 이씨 부인의 설득력

---

139) 이를 사출입안(斜出立案) 또는 사급입안(斜給立案)이라 하였으며 입안을 받는다는 것을 '빗기다'로 표현하였다.

140) 입안(立案)제도는 임진왜란 당시까지는 입안(立案)이라고 하였고, 이후부터는 입지(立旨)라고 불리게 된다: 박병호, 224면.

141) 박병호, 224~225면 참조.

있는 주장이 있었음에도 불구하고 조상으로부터 전해져 내려온 문서의 존부(存否) 여부와 시비(是非)가 되고 있는 계약서의 진위(眞僞) 여부에 의해 결정될 수밖에 없었다.

〈표 11〉 ■ 입지청구(立旨請求)의 절차 ■

순 서	내 용
소지(所持)의 작성 및 제출	· 구체적으로 관련 사실을 적어 입지를 발급해 줄 것을 청구함.
사실 확인의 지시	· 수령은 신청자의 거주지를 관할하는 면집강(面執綱: 면장)이나 이정(里正: 이(里)의 공무에 종사하는 사람)에게 그것이 사실인지를 보고하라는 전령(傳令)을 내림.
사실 확인의 다짐	· 틀림없다는 보고가 있으면 신청자와 가장 가까이 살고 있는 3인의 증인을 불러서 사실과 틀림없으며 위증하면 처벌받겠다는 다짐을 받음.
입지의 발급	· 소지(所持) 지체의 끝에 '입지성급향사(立旨成給向事: 입지를 발급한다)'라고 쓰고 연월일을 기입하고 관인을 날인하여 신청자에게 교부함. · 입지(立旨) 한 장만으로 문서를 대신하게 되고 거래할 때에도 문서 대신 이 입지(立旨)를 상대방에게 주면 됨.

제 5. 내 너를 죽여 나의 진실을 밝히겠노라
- 복수를 위한 살인의 결과는

오늘날에도 살인은 끊임없이 발생하고 있다. 타인을 죽인 경우에는 법률이 정한 형벌을 받게 되는데, 징역 혹은 사형에 처하여지기도 한다. 이는 살인을 하게 된 동기가 무엇이었느냐 등에 따라 양형에 영향을 미치게 되기 때문이다. 그렇다면 과연 아비의 복수(復讐)를 위해 살인하였거나, 여자가 자신의 정절(貞節)을 지키기 위해 살인을 하였다면 어떻게 처리될까? 만약 이러한 일이 조선시대에 발생하였다면 과연 당시에는 이를 어떻게 처리하였을까?

재판을 할 때 범죄를 저지른 이유가 무엇인지를 고려하였는데 특히 아비나 남편의 원수를 갚기 위해 복수한 경우에는 보통의 살인과 달리 관대한 결정을 내렸다. 숙종 때 홍방필이란 자가 누군가에 의해 죽임을 당하였는데, 그 아내 최 씨와 그 딸 홍 씨가 여러 해 동안 범인을 찾아다니다가 마침내 범인을 찾게 되었다. 모녀가 기회를 엿보다가 그 범인을 직접 칼로 찔러 죽이고 관에 자수하였다. 이에 대해 숙종 임금은, "최 씨와 그 딸 두 여인의 늠름한 절의가 옛사람에게 부끄러움이 없다. 마음대로 죽인 죄를 특별히 용서한다."라고 하였다. 아울러 이들의 역(役)과 잡부금을 면제토록 하고 이를 가상히 여기는 뜻을 일반 백성들에게 널리 알리도록 하였다.[142]

또한 정조 때 전주 사람 김화리봉(金禾里奉)이 상인 김응채와 돈 문제(채전: 債錢)로 다투다가 폭행을 가하여 그 다음 날 김응채가 죽게 된 사건이 발생하였다. 2년여의 심리조사 끝에 김응채의 사인(死因)이 폭행 때문인지 또는 숙환이나 신병 때문인지 이를 확실히 단정지을 증거가 없다는 이유로 화리봉은 석방되었다. 석방된 후 화리봉은 김응채 집안의 복수가 두려워 고향을 떠나게 되었다. 이후 응채의 두 아들 계손과 성손은 아비의 원수를 갚기 위해 가슴에 칼을 품고 화리봉의 종적을 수소문하여 다닌 끝에 마침내 그를 찾았다. 계손이 먼저 화리봉의 가슴과 배를 갈랐고 성손이 목을 찔러 죽인 후 "우리 형제가 아비의 원수를 갚았다."라고 크게 소리치면서 관가에 자수(自首)하였다.

이에 대해 정조는 다음과 같이 판결을 내리고 계손 형제를 즉시 석방하도록 하였다. "계손 형제는 그 원수를 살해한 뒤 형제가 함께 관가에 나와서 자수하면서 법에 따라 사형에 처해 달라고 청하였다. 옛사람이 말한 바 강개(慷慨)하여 자살(自殺)하기는 쉬워도 종용(從容)히 사지(死地)에 들기는 어렵다는 것은 이를 두고 한 말이 아니겠는가! 국가가 만약 전례만 좇아서 장 60의 규정이나 감사정배의 규정을 적용한다면 이 어찌 풍속을 바로잡고 두터이 하는 정치라고 할 수 있겠는가!"

조선시대에는 부모, 조부모, 부(夫), 형(兄)을 위해 복수를 한 경우에는 대명률과 속대전에 따라 사형을 감하여 정배(定配)형에 처하였다.[143) 그러나 이러한 특전을 받으려면 복수한 다음 즉시 관에 자수

---

142) 숙종 36년(1710): 증보문헌비고 제128권 형고 2(형제 2).

143) 속대전(續大典)에서는 아비가 파살되어 입건 중인데 그 원수를 마음대로 죽인 경우에 감사정배(減死定配)한다는 규정을 두고 있다.

하여야 하는 것이 상례였다. 그러던 것이 특히 정조 대에 와서는 사안의 정상에 따라 벌하지 않거나 오히려 호역(戶役)을 면제하는 특전을 주거나 크게 표창하기도 하였다. 아마도 자손의 효도와 처(妻)의 절의(節義)를 드높이기 위한 것으로, 법률에 앞서 윤리도덕을 중시하였기 때문인 것으로 보인다.

이는 다음의 전교(傳敎)를 통해 확인이 가능하다. 정조 임금이 이르기를, "계손 형제들은 그 효도가 매우 감동스럽고 그 정상이 매우 측은하고 그 마음이 매우 슬프고 그 정성이 매우 가련하고 그 뜻이 매우 장려할 만하다. 이 가운데 한 가지만이라도 있으면 법률상 마땅히 용서하는 것인데 더구나 형제가 이 다섯 가지 뛰어난 행실을 지녔으니 이를 본받아 풍속을 바로잡고 두터이 하라!"며 이러한 내용을 도내에 널리 게시토록 하였다.144)

이와 유사한 결정이 내려진 한 여인의 정절을 지키기 위해 행하여진 살인에 얽힌 사연을 소개해 본다. 조선시대 정조 때 전라도 강진에서 살인사건이 발생하였다<정조 14년: 1780>. 사연인즉 강진에 살던 안 여인이 자신의 이웃에 사는 18세 된 김은애란 여인을 두고 자기 시누이의 손자인 최정연과 중매를 섰으나, 은애의 부모가 이를 반대하여 중매가 깨어지게 되었다. 이에 안 여인은 이 혼사를 억지로라도 성사시키기 위하여 "은애와 정연이가 몰래 간통하였다."라는 헛소문을 퍼뜨렸다.

아울러 최정연도 자신의 친구이던 은애의 오빠에게 "나와 은애는 서로 정을 통하였다."라고 자랑스레 말하였다. 이에 그 소식을 접한 은애가 바로 칼을 들고 이들에게 따지러 찾아갔으나 은애 조모(祖

---

144) 정조 12년(1788): 박병호, 312~313쪽 참조.

母)의 만류로 그 뜻을 이루지는 못하였다.

얼마 후 은애는 김태준이란 사람에게 시집을 가게 되었는데, 이후에도 안 여인과 정연은 은애와 관련하여 갖은 말을 다 꾸며 대며 전보다 더 심하게 소문을 퍼뜨렸다. 이에 더욱 화가 치민 은애는 칼을 들고 몰래 안 여인 집을 찾아갔다.

"너는 어찌하여 온갖 거짓을 다 꾸며 대며 중상 모략하여 나를 이리도 못살게 구느냐!"라며 그의 죄를 낱낱이 들어 꾸짖고, "내 너를 죽여 나의 결백을 증명해 보이겠다!"라며 찔러 죽이겠노라고 일갈하였다.

이에 안 여인이, "네가 감히 나를 찌를 수 있을 것 같으냐? 찌를 테면 한 번 찔러 보아라! 너에게 그러한 사실이 없었다면 그러한 이야기가 왜 나왔겠느냐!"라며 큰소리로 대들었다. 이에 더욱 화가 치민 은애는 그 자리에서 안 여인을 난자(亂刺)하였고 결국은 죽게 하였다. 이후 은애는 바로 최정연을 찾아 죽이려 하였으나 은애 모친의 만류로 그 뜻을 이루지는 못하였다.

사정이 여기에 이르자 정연의 가족들이 은애를 찾아와, "우리가 너에게 죽을죄를 지었다. 안 여인 그 여자는 실성한 사람이어서 이제는 아무도 그 말을 믿지 않을 것이다. 또한 이미 죽었으므로 너는 모함받은 원한을 씻지 않았느냐! 네가 만약 정연이를 고발하면 우리 집안이 결코 용서받지 못할 것이다. 은애야! 더 이상 이 문제에 대해서는 거론하지 말아주었으면 한다."며 손 모아 간청하였다.

이후 은애는 난자치사죄(亂刺致死罪: 칼이나 창 등으로 부위를 가리지 않고 마구 찔러 죽게 한 죄)로 관에 구속되어 심문을 받게 되었다.

"네가 안 여인을 난자하여 죽게 한 사실을 인정하느냐!"

"예. 안 여인을 난자하여 죽인 것을 인정합니다. 정숙한 여인이 간통의 모함을 당하는 것보다 더한 억울한 것은 세상 그 어디에도 없을 것입니다. 하도 원하고 분하여 자결함으로써 진실을 알리려고도 하였습니다만, 그러한 죽음은 너무도 부질없는 짓이고 또한 저의 진실을 알아 줄 사람도 없다고 생각하였습니다. 안 여인을 만나 자신의 잘못을 뉘우치게 할 요량으로 칼을 들고 찾아갔습니다만, 안 여인은 그 자리에서도 자신의 잘못을 뉘우치기는커녕 되레 저를 중상모략하는 언동을 일삼았습니다. 너무도 분하여 그 분을 참지 못하고 그만 칼로 찔러 죽이고 말았습니다." 은애는 흐느끼며 그러나 차분하게 자신의 심경을 밝혔다. 또한 덧붙여 말하기를, "양반의 딸로서 백주에 더러운 모함을 받고도 정연을 죽이지 못하였으니 뼈에 사무친 원한을 씻을 길은 나라에서 정연을 심판하여 죽여 주는 것입니다. 부디 저의 간청을 들어주십시오."

최정연의 심문순서에 이르러 사또가, "너는 어찌하여 은애와 정을 통하였노라고 거짓을 떠들고 다녔느냐! 그것이 사실이더냐!"고 다그쳤다.

정연은 결코 그런 일은 없었노라고 부인하며 발뺌하였다. "소인은 나이도 어리고 은애의 오빠와는 같은 서당 친구입니다. 저희는 서로 내왕하면서 내외하지 않는 사이인데 실성한 안 여인이 헛소문을 퍼뜨려 이렇게 된 것입니다. 소인은 은애와 간통한 사실이 결코 없습니다. 그러한 헛소문을 퍼뜨릴 이유가 없습니다."

판결은 은애에게 사형(死刑) 아니면 감사정배(減死定配: 사형에 처할 죄인의 형을 감하여 귀양을 보냄)라 할 수 있었으나, 사건의 전말을 듣게 된 임금은 사건발생의 이유나 난자(亂刺)하게 된 원인들이 죄의 가

감(加減)의 근거가 될 수 있는지 조정대신의 의견을 듣고자 하였다. 임금이 좌의정 채제공(蔡濟恭)에게 물었다.

"경은 이 사건에 대해 어찌 생각하는가!"

"제가 보기에 안 여인이 은애를 중상 모략하는 헛소문을 퍼뜨리고 다닌 것은 사실입니다만, 그렇다고 하여 안 여인의 죄가 죽을죄는 아닙니다. 안 여인을 난자하여 죽게 한 은애를 사형(死刑)에 처해야 마땅할 것입니다."

임금은 심사숙고 끝에 무죄판결을 내려 은애를 석방하도록 하고 다음과 같이 은애의 행동을 두둔하였다.

"은애는 18세 되는 나이 어린 여인에 불과한데 안 여인이 꽃을 꺾었다고 떠들고 다녔으니 견디기 힘든 더러운 모욕을 당한 것이다. 그 원통함을 이기지 못하여 한번 죽어서 결판을 내려고도 생각하였을 것이다. 그러나 고을 사람들로 하여금 자기에게 허물이 없다는 것과 의당 원수를 갚아야 함을 분명히 알도록 하기 위해 그리한 것이다."

임금은 인륜의 상도 그리고 기개와 절조를 중히 여기는 뜻에서 그 사건의 개요와 판결문을 도내에 반포하도록 하였다.

그 글월 가운데에는, "은애는 보통의 일반 여자들이 살인을 범하고는 일을 흐리게 하여 한 가닥 요행을 바라는 따위의 짓은 본받지 아니하였다. 은애의 이러한 행동은 열혈장부도 해내기 어려운 것이다. 만약 이 일이 중국의 전국시대에 일어났었다면 사마천이 이 이야기를 기록으로 남겼을 것이다."고 함으로써 백성들에게 이러한 것이 없다면 짐승과 다를 바 없다는 뜻을 안팎에 널리 알리도록 하였다.

이와 함께 "은애가 초지(初志)를 관철하기 위하여 정연을 죽일지도 모른다. 만약 그리되면 은애를 살리려다가 또 한 사람을 죽이게

되어 인명을 중히 여기는 뜻을 잃게 될 수도 있다. 강진 수령에게
일러 은애가 다시는 정연에게 범행하지 않겠다는 다짐을 받도록 하
고 이 사실을 전라감영에 보고하도록 하라.”고 명하였다.

　복수살인도 살인죄에 해당하나 대개 정상을 참작하여 석방되거나
감사정배(減死定配)하였고, 특히 부모나 부(夫)를 위한 복수에 대해
서는 매우 관대했기에 여자의 정절을 지키기 위한 복수도 그에 못지
않게 관대하게 처리하였던 것으로 보인다.

제6. 남편이 아내를 내쫓을 수 있는 합법적인 방법이 있었다! - 무시된 여성 인권

1. 불합리한 이혼제도

보통 여자들은 칠거지악(七去之惡)이라는 일곱 가지 죄목(罪目)에 해당할 경우 일방적(一方的)으로 이혼(離婚)을 당하였다.

조선시대에는 유교사상이 지배하던 시기였으므로 부부가 헤어지는 것, 즉 이혼(離婚: 이이(離異)라고도 하였으며, 기처(棄妻), 출처(出處) 혹은 기별(棄別)이라고도 함)에 대해서는 매우 부정적인 인식을 가지고 있어서, 한 번 결혼하면 검은 머리가 파뿌리가 되도록 백년해로(百年偕老)하는 것을 미덕으로 여겼다.

그렇다고 하여 이혼이 없었던 것은 아니었다. 다만 이혼의 경우 개인의 의사와 무관하게 이루어지곤 했다는 점 그리고 이혼에 대한 합법적인 법률조항이 존재하지 않았다는 점이 지금과 다를 뿐이었다. 특히 양반들은 아내와 이혼하려면 먼저 왕의 허락을 받아내야 했기 때문에 이혼 그 자체를 생각한다는 것이 그리 쉬운 일이 아니었다.

평민이나 천민 등의 사이에서는 자신의 옷섶을 잘라 상대방에게

줌으로써 혼인관계를 끝맺는다는 의미로 "수세(休書: 이혼증서) 잘라준다." 혹은 "수서(休書) 베어내다."라는 표현이 일반화되었는데, 이는 민간에서 이혼을 뜻하는 것으로 쓰였다.

조선시대에는 원칙적으로 여자가 남자에게 이혼을 요구할 수 없었으므로 이혼이라는 말을 "처를 내쫓는다."고 표현하거나, 버린다는 의미의 '휴기(休棄)'라고 표현하였다. 이는 남자 쪽에서 일방적으로 여자를 내쫓는 경우가 많았음을 보여 준다.

반면, 일반적인 경우는 아니었으나 남자가 이혼당할 수 있는 경우도 있었다. 즉 처(妻)를 팔았을 경우, 장인·장모를 구타하거나, 장모(丈母)와 간통(姦通)했을 경우 등이다.

또한 이혼은 아니지만, 소박(素朴)이라 하여, 즉 집 안에서 사실상 별거상태로 지내는 경우가 있었다. 현재에도 "소박맞았다."는 표현을 쓰기도 하는데, 이는 남편의 사랑을 받지 못함을 의미한다. 이러한 소박의 원인은 대개의 경우 부인의 외모가 추녀(醜女)인 경우에 많이 발생하였는데, 당시에 남녀가 얼굴도 보지 않고 결혼하던 결혼풍습이 빚어낸 불행이라 할 수 있다.

조선시대 가족제도의 기본은 부부관계로서 이는 당시에 매우 중시되었다. 그러나 이러한 부부관계의 중시에도 불구하고 부인을 합법적(合法的)으로 내쫓을 수 있는 경우가 있었다. 보통 여자들의 경우 칠거지악(七去之惡)이라는 일곱 가지 죄목에 해당할 경우 일방적으로 이혼으로 내몰렸다. 후에 조선 말기에 이르러서는 이 중 자식이 없는 무자(無子)와 질투(嫉妬)를 빼고 오출(五出)로 하였다. 그러나 설사 칠거지악에 해당하는 경우더라도 아내를 함부로 내쫓지 못하는 경우도 있었는데 삼불거(三不去), 사불거(四不去) 등이 바로 그것이다. 삼불거는 ① 조강지처(糟糠之妻: 곤궁할 때부터 어려움을 함께한 본처), ② 부모의 3년상(三年喪)을 같이 치른 아내, ③ 늙고 의탁(依託)할 데 없는 여자는 버릴 수 없음을 뜻한다. 또한 자녀가 있는 경우에도 이혼을 금함으로써 사불거(四不去)로 규정하면서 오출사불거(五出四不去)라는 제도를 탄생시켰다.

조선 초기에 보급된 대명률(大明律)에서는 이혼할 상황이 아닌데도 불구하고 이혼한 경우 장(杖) 80대의 형에 처하였다. 칠거지악을 범하였지만 삼불거(三不去)에 해당하는 아내와 이혼한 경우에는 죄 2등을 감하고 다시 살게 하며, 칠거지악을 범했는데도 이혼하지 않은 경우에는 장 80대의 형에 처하였다.

대대례기(大戴禮記) 본명(本命)에 보면, 남편이 아내를 내쫓을 수 있는 일곱 가지의 경우로서 칠거지악(七去之惡)을 소개하고 있다.[145]
그렇다면 칠거지악(七去之惡)이란 과연 무엇일까!

명 칭	내 용
불순부모(不順父母)	시부모를 잘 섬기지 않음
무 자(無子)	아들을 낳지 못함
부 정(不貞)	음탕한 짓을 함
투(妬)	질투(嫉妬)를 일삼음
악 질(惡疾)	못된 병에 걸림
다 언(多言)	말이 많음
절 도(竊盜)	물건을 훔침

이 같은 제도가 출현하게 된 연유는 봉건적 가족제도를 유지하기 위함에 있다고 하겠다. 즉 시부모를 잘 섬기지 않는 것은 불효라 할 것이요, 자식이 없다는 것은 가계의 단절을 뜻한다. 아내가 부정이 있다면 이는 혈통의 순수성을 지킬 수 없게 됨을 말하며, 질투는 애첩의 수효를 늘리는 축첩에 방해가 되므로 이는 곧 자손 번창에 방해가 됨을 방지코자 함을 말한다. 못된 질병은 자손의 건강에 해롭게 됨을 방지하기 위함이며, 말이 많다 함은 가족 간의 불화를 조장시킨다고 보았기 때문이다. 절도는 그로 인해 기본적인 사회질서를 파괴하게 되므로 범법자가 됨을 경계코자 함이었다.
그러나 이 제도는 1908년에 이르러 폐지된다.

---

2. 무시된 여성의 인권

"여자의 삼종지도(三從之道)나 정절(貞節)이 매우 중시되었으며, 특히 3번 시집가는 것(三嫁)을 큰 잘못으로 생각하였다."

역사적으로 고려시대에는 신분에 관계없이 과부의 재가(再嫁: 改嫁)가 자유로웠으나, 고려 말기에 유학(주자성리학)을 받아들이면서 재가 문제는 큰 논란의 대상으로 등장하게 되었다.

조선시대에는 유학이 국가의 통치이념이 되면서 여자의 삼종지도(三從之道)나 정절(貞節)이 매우 중시되었다. 특히 3번 시집가는 것(三嫁)을 큰 잘못으로 여겼다. 처음에는 재가에 대한 별다른 금지 조처가 없었으나, 과부재가금지법(寡婦再嫁禁止法: 조선시대에 과부의 재혼을 금지하는 법)이 입법·시행<성종 8년(1477년) 7월>되면서부터 법적인 규제가 행하여졌다.

성종이 관제를 개혁할 당시 과부의 재가에 대한 논의가 활발하였는데, 대체로 재가를 허용해야 한다는 의견이 많았다. 그러나 결국은 재가반대론(再嫁反對論)으로 기울게 되었는데,[146] 이는 유교 입장에서 대의명분(大義名分)을 세우고, 풍속(風俗)을 바로잡기 위한 결정이었던 것으로 보인다.

이후 여자는 한 번 시집가면 평생 재가하지 말아야 하며, 재가한 사대부 여자들의 자손을 관리로 쓰지 않음으로써 풍속을 바로잡아야 한다는 내용의 전교(傳敎)를 내려 과부재가금지법(寡婦再嫁禁止法)

---

145) 이 제도는 2500여 년 전 공자로부터 비롯하였다고 전해지는데 그의 언행 및 제자와의 의론(議論)을 적었다는 "공자가어 본명해편"에 보면 부인에 대한 여러 가지 규정을 두고 있다.
146) 재가반대론은 임원준(任元濬) 등이 주장하였다.

을 강화하게 된다.[147)

이와 관련하여 성종실록에서는, 경전에 이르기를 '믿음은 부인의
덕이며, 한 번 남편과 결혼하면 평생토록 고치지 않는다.'고 하였다.
이 때문에 삼종(三從)의 의가 있고, 한 번이라도 어기는 예가 없는
것이다. 세상의 도덕이 날로 나빠진 뒤로부터 여자의 덕이 정숙하지
못하여 양반가의 딸이 예의를 생각지 아니하여 혹은 부모 때문에 절
개를 잃고 혹은 자진해서 개가하니 한갓 자기의 가풍을 파괴할 뿐
아니라, 실로 성현의 가르침에 누를 끼친다. 만일 엄하게 금하여 영
을 세우지 않으면 음란한 행동을 막기 어렵다. 이제부터 재가한 여
자의 자손들은 관료가 되지 못하게 풍속을 바르게 한다."라고 기록
하고 있다.

그러나 개가한 여자의 자식을 정직(正職: 사족(士族) 이상의 신분에만 임
용되는 관직)에 쓰지 못하도록 한 법은 서민에게 해당되는 것이 아님에
도,[148) 귀천(貴賤)에 관계없이 절개를 지키며 심지어 목숨을 끊는
사람마저 생기게 되었으므로 이에 대한 비판이 행해지기도 하였다.

당시의 사회풍조와 과부재가금지제도를 완곡히 비판하면서 당시
사회의 한 단면을 실감나게 그려낸 내용도 소개되고 있는데,[149) 그
내용인즉 "일찍 부모를 여의고 조부모 밑에서 자라난 박 씨는 정혼

---

147) 이러한 내용은 경국대전(經國大典) 이전(吏典) 경관직조(京官職條)와 형전(刑典) 금제조
(禁制條)에 실려 있다.

148) 이와 관련하여 회자되는 일화로서, "일찍 과부가 된 한 여인이 모진 고생 끝에 두 아들을
잘 성장시켰는데, 어느 날 아들들이 어떤 사람의 벼슬길을 막으려 하자 어머니가 그 연유를
묻게 되었다. 이에 아들들이 답하기를 그의 선조 중에 훼절(毁節: 절조(節操)를 깨뜨림)한
과부가 있다는 소문을 들었다고 답하자, 어머니는 아들들을 꾸짖으며 자신의 품속에서 닳고
닳은 동전을 꺼내 보여 주었다. 그리고 그 자신 또한 고독을 이기기 위해 힘들 때마다 동전
을 굴리며 참아왔었노라고 고백하자 그 말에 모자가 서로 부둥켜안고 울었다."는 이야기가
있다.

149) 열녀함양박씨전(烈女咸陽朴氏傳)으로서 연암집(燕巖集)의 연상각선본(烟湘閣選本)에 실
려 있다.

한 뒤 남편 될 사람이 중병에 든 것을 알았으나 물리치지 않고 시집을 갔다. 남편이 성혼한 뒤 반 년 만에 죽었으니 초례를 치렀으나 빈 옷만 지킨 셈이었다. 박 씨는 남편의 초상을 예법대로 치르고 시부모를 극진히 섬기다가 상기(喪期)가 끝나는 날 스스로 목숨을 끊었다."는 내용이다.

이는 당시의 과부재가금지제도의 폐해 및 문제점을 적나라하게 보여 주는 의미 있는 이야기라 하겠다.

이혼과 재혼이 남성의 전유물이던 시대인 조선. 성종의 재가금지법(再嫁禁止法) 제정 이전에도 '일부종사(一夫從死)'를 강요하던 제도가 있었는데 이것이 바로 태종 6년 왕명으로 제정된 '자녀안'(恣女案)이라는 것이다.[150] 이는 양반가의 여성으로 행실이 방자하거나 세 번씩이나 시집을 가 양반의 품위를 손상시킨 자의 경력을 기록하여 관리하던 문건이었다. 문제는 이 문건에 이름이 오르는 그 순간부터 그 가문과 후손의 장래는 이미 결정된 것이라 보았는데, 그 이유는 이로 인해 대대손손(代代孫孫) 입신양명(立身揚名)의 길이 차단됨으로써 가문의 몰락이 불 보듯 뻔했기 때문이었다.

이러한 문제점이 많았던 재가금지제도가 그 끝을 보게 된 것은 1894년<고종 31년> 갑오개혁 때부터이다. 이때로부터 법률로 재가의 자유가 인정되었던 것이다. 그러나 실제로 재가하는 경우는 거의 없었으며, 그 영향력은 오랫동안 지속되었다.

조선시대의 이러한 엄격한 재가금지제도의 시행은 과연 어떠한 문제점을 초래하였을까! 이는 결국 보쌈이라고 하는 탈법수단을 탄생케 한다. 보쌈은[151] 약탈혼(掠奪婚)의 일종으로 정식 결혼을 하지

---

150) 고려시대에는 '자녀안'이라 하여 양반의 여자로 부정한 일을 하거나 3번 이상 개가한 여성의 소행을 적어 그 자손의 관직등용을 제한하였다.

못한 가난한 하층민이나 재가가 허용되지 않은 과부들 또는 양반가 자녀들의 액땜을152) 위해 부녀자나 남자를 약탈하는 것을 말한다. 그러나 보쌈은 이뿐만 아니라 명문가의 청상과부를 탈법행위나 사회적 물의 없이 재혼시키기 위해 또는 정력이 왕성한 권력가가 첩실을 들이기 위한 방편으로서도 이용되었다.

보쌈은 크게 과부약탈과 남자약탈로 나뉘어진다. '과부 업어가기'라고도 하는 과부보쌈은 '합의'와 '강제'의 방식 가운데에서 양자택일되었다. 합의보쌈의 경우는 '체통'의 손상 없이 청상과부가 된 며느리를 처리하는 '편법'으로 이용되었다. 양가의 합의 하에 과부가 된 며느리나 딸을 보쌈의 형식을 갖추어 재혼시키기도 하였으며, 또한 소박맞은 여성의 경우에도 재혼이 허용되지 아니하였으므로 이같은 방법이 이용되었다.

약탈혼(掠奪婚)의 전형이었던 강제보쌈은 과부나 휴서(休書: 이혼증서)인 이혼장을 받은 소박녀로 국한되었고, 액땜을 위한 남성보쌈이 있었을 뿐이어서 인신매매의 차원은 아니었다. 약탈혼(掠奪婚)은 '보부상(褓負商)' 보쌈에서도 나타나는데, 전국을 떠도는 장돌뱅이가 현지처 조달방식으로 선택한 보부상 보쌈은 장터 이동 시 현지처를 버리고 감으로써 사회문제화되기도 하였다. 이에 고종 32년에 보부상의 과부보쌈을 금지하는 영을 선포하기에 이른다.

남자보쌈은 남자를 보쌈하는 것으로, 권문세가의 과부가 성욕을 채우기 위해 나이 어리고 귀여운 유생을 납치해 하룻밤을 보낸 뒤 제거하거나, 과부가 될 팔자를 지닌 처자의 액땜용으로 '하루살이 남

---

151) 속담에 '보쌈에 들었다'고 하면 남의 꾀에 걸려들었다는 뜻으로 쓰이기도 한다.
152) 양반가 처녀의 팔자가 세서 두세 번 시집가는 사주가 나오면 이를 막기 위해 미리 외간남자와 통정하게 하여 이를 방지하였는데, 이 경우에도 보쌈의 형식으로 행하여진 것으로 보인다.

편'을 보쌈하기도 하였다.153)

　그러나 보쌈은 일상적으로 행하여졌던 것은 아니었고 여성이나 남성이나 어려운 상황에 이르러서야 비로소 행하여졌다. 당시에는 노총각 · 노처녀는 죽어 몽달귀신이나 원귀(冤鬼)가 되므로 날이 가물거나 흉한 일이 생긴다는 이야기가 소문으로 나돌기도 했는데 이 또한 보쌈이 사회적으로 용인되는 한 사유가 되었을 것으로 보인다. 그러나 보쌈의 문제점은 여성의 역할이 지극히 수동적이란 데 있었다. 즉 재혼결정권과 지아비 선택권이 모두 시아버지와 장래 남편으로서의 남성에 국한되었기 때문이다. 이는 결국 당시의 여성의 열악한 사회적 지위 그리고 여성의 인권이 얼마나 무시되었는가를 보여주는 대표적인 예라 하겠다.

---

153) 광해군 때 유몽인이 저술한 〈어우야담(於于野談)〉에 보면 총각보쌈 이야기가 등장한다.

고 려시대나 조선시대의 상속법의 기본원칙은 자녀에게 똑같이
재산을 나누어 주는 자녀균분상속법(子女均分相續法: 상속
재산을 자녀에게 같은 몫으로 나누어 하도록 하는 상속법)이었다. 이는 유교문화권
하에서의 독특한 고유법인 것으로 보인다. 아들이건 딸이건 결혼 여
부에 관계없이 고르게 나누는 것이 법률이고 관습이었다. 만약 부모
의 사후에 형제자매 중 유산을 고르게 나누지 않고 독점하는 자가
있는 경우에는 일반적인 5년의 제소 기간에 불구하고 기간의 제한
없이 제소할 수 있었다. 소가 제기된 경우에 재판관은 부모를 대신
하여 똑같이 나누어 주었다.

그러나 적서(嫡庶) 간에는 상속에 있어 차별이 있었다. 특히 서얼
(庶孼) 중에서도 천첩(賤妾) 소생의 자녀는 양첩(良妾) 소생의 자녀
에 비해 그 차별이 심하였다.

상속(相續)의 대상은 크게 세 가지로 나눌 수 있다. 첫째가 가옥,
토지, 노비 내지는 가재도구 등을 포함하는 재산상속(財産相續)이다.
둘째는 식구를 관리하는 가장권(家長權)을 상속받는 신분상속이다
(身分相續). 셋째가 제사(祭祀)에 관한 권리, 의무를 상속받는 제사

상속(祭祀相續)이다. 이 중 후에 커다란 재산분쟁의 중심에 서게 되었던 것이 토지와 노비의 상속과 관련한 분쟁이었다.

법률상의 균분강제주의(均分强制主義)가 실행되었음에도 부모의 의사를 절대적으로 구속할 수는 없었다. 따라서 부모의 의사에 의해 고르게 나누지 아니한 예도 적지 않았다. 이럴 경우, 즉 차별이 심하지 않거나 합리적일 때 자녀들은 부모의 의사에 순종하는 것이 상례였다.

실례로 조선 성종 때 유산을 균분하지 않는다 하여 아들이 아버지를 구타하여 제소된 사건이 있어 상속법에 대한 재논의가 진행된 적이 있었다. 재산을 똑같이 나누지 않음으로 인한 부자, 형제 간의 쟁송을 방지하는 방법으로서 재산을 나누는 것은 법률에 따라 엄격히 실시하고 부모에게 재량권을 주지 말자는 것이었다. 이는 부모, 자녀 사이에 처음에는 재산을 고르게 나누려는 뜻이 있더라도 노쇄(老碎)하면 자녀 중에 부모의 환심을 사려는 자가 있어 자연히 편애(偏愛)하게 되므로 고르게 나누는 것이 어렵게 되기 때문이었다. 그러나 이러한 의견은 받아들여지지 않았다.

이후 유교적 종법적(宗法的) 가족제도의 확립과 남녀균분상속(男女均分相續)의 문제점이 지적되면서 17세기에는 종손(宗孫)과 지손(支孫)을 차별하면서 적장자 우위상속제(嫡長子 優位相續制)와 남녀차별(男女差別)이 나타나게 된다. 이에 따라 균분상속제(均分相續制)는 차츰 무너지게 되었고 재판으로 다투는 일도 드물게 되었다.[154]

결국 18세기에 이르러서는 재산도 적장자(嫡長子)에게 집중적으로 상속케 되고[155] 여자는 상속에서 배제되었다.

---

154) 조선 중기에 들면서 점차 부계중심의 성리학적 가족제도가 정착되면서 장자(長子) 우대와 남녀 차등상속(差等相續)의 현상이 나타나게 된다.

또 다른 조선시대 상속제도의 특징으로 철저한 분할주의 상속(分割主義 相續)을 들 수 있다. 이는 재산을 매개로 하여 가문(家門)이 결속할 수 있도록 하기 위한 취지로 보인다. 남녀균분(男女均分)과 분할주의(分割主義)는 상호 견제하고 균형을 이룰 수 있는 효과가 있어 부와 권력의 집중을 예방하는 효과를 가졌다.

근자에 들어서도 재산상속 문제로 인한 자녀들 간, 때론 부모, 자식 간의 송사가 끊이지 않고 있다. 부모들은 자녀들이 잘 협의하여 원만하게 재산이 나눠지기를 바라는 마음이 간절할 것이나 부모들이 죽고 난 후에는 상속분쟁으로 인하여 자녀들 간의 관계가 남보다도 못한 관계가 되기도 한다. 어떻게 하면 이러한 어리석음을 극복할 수 있을까. 선인의 교훈이 큰 가르침이 될 것이다.

고려 고종 때에 성품이 강직하고 재판을 잘하기로 소문난 손변이란 사람이 경상도 안찰부사(按察副使) 시절 남매 간의 유산(遺産)에 관한 분쟁을 잘 처리함으로써 칭송을 받게 된 사건을 소개해 본다.[156]

일남 일녀를 두고 일찍이 처와 사별한 사람이 자녀에게 재산을 나누어 주면서, 나이 어린 아들에게는 자기가 입었던 검은 옷과 관(冠) 한 벌, 짚신 한 켤레 그리고 종이 한 권을 주고, 나머지 전 재산은 결혼한 딸에게 주는 것으로 재산을 나누도록 하는 유언문서를 작성하고 사망하였다. 후에 아들이 장성하여 유산이 누이에게 다 물려진 것을 이유로 관에 제소하게 되었는데 오랫동안 결론이 나지 않았다. 그러던 차에 손변이 이 사건을 맡게 되었던 것이었다.

동생인 아들이 손 부사에게 고하기를, "사또, 너무도 억울합니다.

---

155) 이는 맏아들인 적장자가 빈번한 제사비용을 부담해야 했던 때문으로 보인다.
156) 박병호, 134쪽 이하.

어찌하여 다 같은 부모의 자식인데 출가한 딸이 부모의 유산을 독점하고 저에게는 아무런 몫도 주지 않는 것입니까!"

이에 손 부사가 딸에게, "너는 어찌하여 동생의 몫까지도 네 차지로 하였느냐!"라고 물었다.

"사또, 소인은 아비가 그렇게 하도록 한 유언문서에 따라 그대로 따랐을 뿐입니다. 저에게는 아무런 잘못이 없습니다."라며 딸이 읍소하였다.

그런데 증거라고는 유언문서밖에 없었으므로 동생이 패소할 것은 불 보듯 뻔하였다. 그러나 손 부사는 그 아비가 왜 하필이면 어린 아들에게 검은 옷과 관(冠) 한 벌, 짚신 한 켤레 그리고 종이 한 권만을 주었을까 하는 점에 대해 의구심을 갖고, 그 아비의 진정으로 의도하는 바가 과연 무엇인지를 밝혀내기 위해 노심초사하였다.

얼마 지나지 않아 손 부사는 마침내 아비의 진정한 뜻이 무엇인지를 알아내었고 남매가 더 이상 다투지 않고 이를 슬기롭게 해결할 수 있는 방안을 제시하였다.

"내 너희 아비의 진정한 뜻이 무엇인지를 곰곰이 생각해 보았다. 아비가 자식을 사랑하는 마음은 아들이나 딸에게나 한결같이 같은 것이다. 그런데 어찌하여 장년이 되어 결혼한 딸에게는 후하게 주고 어머니 없는 어린 아들에게는 박하게 한단 말이냐! 자기가 죽은 후에 어린 아들이 의지할 사람은 오직 장성한 딸뿐이므로 딸이 유산을 모두 물려받아 아우를 성심껏 사랑하고 잘 길러주도록 그리한 것이다."고 말문을 열었다.

그리고 다시 말을 이어가기를, "그러나 혹 아우에 대한 사랑이나 양육이 소홀할 경우를 예상해서 또 다른 준비를 해 놓은 것이다. 너희는 정녕 아비가 검은 옷과 관(冠) 한 벌, 짚신 한 켤레 그리고 종이 한 권만을 물려준 까닭을 짐작하지 못하겠느냐!"

남매는 손 부사에게, "저희는 아비가 그리한 까닭을 전혀 모르겠습니다."라고 답하였다.

이에 손 부사가, "내가 너희 남매에게 그 답을 알려 주겠다. 너희 아비는 만약에 아들에게 아비가 예상한 그러한 일이 발생할 경우에 자기가 물려준 종이로 소장을 작성하여 검은 옷을 입고 관을 쓰고 짚신을 신고 관사에로 가 제소하면 능히 그 문제를 해결할 수 있을 것이라 생각하여 그리한 것이다. 어린 아들에게 네 가지 물건만 남기고 죽은 아비의 뜻이 바로 여기에 있다. 이런 아비의 깊은 뜻을 헤아려 너희 남매는 서로 싸우지 말고 의지하며 잘 살도록 하여라!"고 하였다.

이 말을 들은 남매는, "너무도 부끄럽습니다. 돌아가신 아비의 깊은 뜻을 깨달았습니다. 앞으로 저희 두 남매가 서로 싸우지 않고 열심히 잘 살도록 하겠습니다."라며 서로 얼싸안고 울었다.

이에 손 부사는 두 남매에게 똑같이 유산을 나누어 주었다.

제 8. 논과 밭은 그 임자에게 돌려주고 복은 부처에게 바치라 - 암행어사 출두요

조선시대의 지방수령은 자신이 다스리는 군현(郡縣)의 행정권은 물론 사법권(司法權)과 군사권(軍事權)까지 지닌 엄청난 권력을 갖고 있었다. 때문에 이러한 수령들의 위법하고 부당한 권력행사로부터 일반 백성들을 보호하는 것이 국가로서는 중요한 일이었으나, 양반사대부와 일반백성들의 신분 차이를 고정불변의 법칙으로 여기던 당시의 시대적 상황에서는 그리 쉬운 일이 아니었다.

이러한 신분 차이에 기인한 일반 백성들에 대한 차별은 바로 세종 2년에 제정된 금부민고소(禁部民告訴)란 법에 의해 극명하게 나타난다. 이는 군현 백성들은 종사의 안위나 불법 살인과 관련한 것이 아니면 수령을 고소할 수 없다는 것으로서 이후 많은 문제를 야기케 된다. 이 법에 대한 폐지여론이 일자 세종은 "때로 어사(御使)나 내관(內官)을 파견해 수령들을 감찰하므로 백성들은 수령을 고소(告訴)할 필요가 없다."는 논리로 그에 반대하였다.

이러한 내용들은 암행어사 제도를 두게 된 것과 결코 무관하지 않다. 각 지방에서의 비리와 폐해를 적발하고 이를 처리하는 것, 왕의 통치방침이 무엇인지를 전파하는 것, 그리고 백성의 원통함과 억울함을 풀어주는 것 등이 시대적으로 요청되었고 이러한 요구를 적극적으로 실천코자 만든 제도 중의 하나가 바로 암행어사 제도였던 것이다.

그렇다면 암행어사는 어떻게 임명되었을까. 조선 초기의 기록을 살펴보면 밀견(密遣)·잠행체찰(潛行體察)·암행규찰(暗行糾察) 등의 내용이 보이는데 아마도 이것이 암행어사의 전신이 아닌가 보인다. 그러나 암행어사라는 용어가 처음으로 나타난 것은 중종 때라 할 수 있는데, 중종실록에 "암행어사를 각 도(道)에 보내다."라는 기록이 보인다(1509년(중종 4)의 중종실록). 그러나 선조 때까지는 암행어사에 대한 비판이 강하여 별로 파견하지 못하다가, 인조 때부터 점차 제도화되었다.

암행어사를 처음에는 왕이 직접 선출하였으나,[157] 영조 11년(1735)부터 암행어사 추천정책이 실현되었으며, 이때부터 국왕이 극비로 단독 임명하는 경우와 대신의 천거로 임명하는 방법이 병행되었다.

어사는 당하관(堂下官)[158] 중에서 선발했으므로 그 직급이 그리 높은 편은 아니었다. 따라서 승정원, 삼사(三司), 예문관 등 임금을 직접 모시는 시종신(侍從臣: 왕을 모셔 호종하던 신하) 중에서 어사를 선발해 직급 이상의 힘을 발휘토록 하였다.

암행어사는 수의(繡衣)·직지(直指)라고도 불렸다. 안핵어사(按覈御史)·순무어사(巡務御史) 등 지방에 변고가 있을 때 왕명으로 파견하는 어사와는 달리, 이들의 임명과 임무는 일체 비밀에 붙여졌다.

초기에는 대간(臺諫)·옥당(玉堂: 홍문관을 달리 부르던 말) 등의 젊은 신하를 국왕이 직접 임명하여 봉서(封書: 누구를 무슨 도의 암행어사로 삼는

---

157) 왕이 추첨의 방법으로 결정하기도 하였는데 이를 추생(抽栍)이라고 한다.

158) 조선시대에는 같은 정3품이라도 통정대부 이상은 당상관(堂上官), 통훈대부 이하는 당하관(堂下官)으로 분류하여, 당상관은 중진대접을 하였지만 당하관은 그렇지 않았다.

다는 신분표시와 임무의 내용이 적혀 있는 문서) · 사목(事目: 암행어사의 직무를 규정한 책) · 마패(馬牌: 역마(驛馬)와 역졸(驛卒)을 이용할 수 있는 증패)[159] · 유척(鍮尺: 검시(檢屍)를 할 때 쓰는 놋쇠의 자(尺)) 등을 수여하였다. 특히 봉서는 이들이 남대문을 나서서야 비로소 뜯어 볼 수 있었다.

암행어사는 지방을 돌아다니면서 비리감찰을 하기도 하였지만 상부에서 명령을 받고 실행에 옮기는 경우도 있었다. 이들이 행차할 때는 선문(先文: 관리가 지방에 출장할 때 그의 도착 날을 그 지방에 미리 통지하는 공문)을 사용하지 않고 남의 눈에 띄지 않게 초라한 옷차림으로 변장하여(미복: 微服) 몰래 수령의 행적과 백성의 억울한 사정 등 민정을 자세히 살폈고, 필요할 경우에는 출두(出道: 露蹤)하여 그 신분을 밝혔다. 암행어사 출두는 황혼이 진 밤에 이루어지는 것이 보통이었으며 객사, 관사에서 또는 각 지역의 문(門) 또는 루(樓)에서 실시되었다.

암행어사 출두에 병력을 동원하였던 것은 암행어사 출두 후 수령이 도주를 할 경우가 있어 이 때문에 암행어사 출두를 외치게 한 것이었다. 암행어사 출두 후 수령은 그 자리를 즉시 내놓아야 했으며, 적발된 수령은 의금부로 압송되었고 의금부에서 죄를 다스렸다.

암행어사는 비리를 규찰하는 것을 그 소임으로 하였으므로 형벌을 내릴 수 없었다. 그러나 비위(非違) · 탐오(貪汚: 욕심이 많고 하는 짓이 더러움) 등 수령의 잘못이 밝혀지면 그 죄질에 따라 관인을 빼앗고 봉고파직(封庫罷職: 부정을 저지른 관리를 파면시키고 관고(官庫)를 봉하여 잠그는 일)하여 직무 집행을 정지시켰다. 또한 임시로 형옥(刑獄)을 심리하여

---

159) 마패에는 1마패에서부터 5마패까지 5종이 있었는데, 암행어사에게는 2마패가 지급되었다. 마패의 소지는 봉명사신(奉命使臣)임을 입증하는 것으로 권력의 상징이었으며, 어사의 봉고(封庫)나 처분문서(處分文書)에 마패를 날인해 직인으로 대용하기도 하였다.

백성들의 억울함을 풀어 주기도 하였다.

임무가 끝나면 서계(書啓: 숙계(繡啓)라고도 하며, 임금의 명을 받아 무슨 일을 처리한 신하가 그 결과를 보고하여 올리던 문서)에 수령의 행적에 대해서 상세히 기록하고 별단(別單)에 자신이 보고들은 민정과 효자 · 열녀 등의 미담을 적어 국왕에게 바쳐 지방행정의 개선을 촉구하였다.

그런데 모든 암행어사들이 그 능력이 출중했던 것만은 아니었던 모양이다. 영조 때의 제주 암행어사 홍상성(洪相聖)은 어사 임무수행 도중에 만난 기생을 데리고 함께 다니다가 이 일로 파직(罷職)당하였다. 정조 때의 호남 암행어사 이희갑(李羲甲)은 제대로 어사출두도 하지 못하고 그냥 돌아와 버렸다. 이에 정조는 암행어사가 출두도 하지 못하고 남몰래 갔다가 남몰래 돌아온 것은 예전에 미처 듣지 못하였다는 꾸중과 함께 이후 서용(敍用)을 금지하도록 하는 엄한 벌을 내리기도 하였다.

어떤 수령들은 무엄하게도 어사를 우습게 보기도 하였다. 암행어사는 국왕 직속의 비리감찰임무를 수행하는 터라 암행어사에게 반하는 행동을 한다는 것은 결국 국왕에 반하는 것과 같았으므로 그에 반하는 행동을 한다는 것은 생각할 수도 없는 일이어서 모반죄 또는 반역죄로 다스려졌다. 그러나 중종 때 황해도 어사 조종경이 강녕현에 가서 어사 출두를 외쳤으나 현감 신붕년은 문을 열지도 않은 채 버틴 적도 있었다고 한다.160) 충청도 어사 김익수도 공주지역 목사가 암행어사 출두를 눈치 채고 주막은 물론 일반 백성들에게도 모두 문을 걸어 잠그게 한 채 낯모르는 외부 사람에게는 밥을 주지 못하도록 하였다. 그리하여 며칠 동안 아무것도 먹지 못한 채 수령의 비

---

160) 임병준, 조선의 암행어사, 서울: 가람기획, 2003, 158쪽.

리를 캐기는커녕 굶어 죽을 지경에 처하기도 하였다.161)

또한 실상을 알 수는 없으나 어사가 의문사(疑問死)한 경우도 있었는데,162) 영조 때 전라도 암행어사 홍양한은 태인현에서 쌀 천 석의 불법사실을 탐지하고 출두 직전 점심을 먹다가 갑자기 죽음으로써 의문사 물의를 일으키기도 하였다.163) 또한 순조 때 암행어사 임준상이 강계부에서 갑자기 구토와 설사를 하다가 급서(急逝)하였으나 그 진상조차 밝히지 못하였다.164)

앞서 언급하였듯이 어사제도는 절대 권력을 가진 지방수령으로부터 백성들을 보호하기 위한 최소한의 수령제어장치였다. 그러나 백성들로부터 왕조체제에 대한 절대적인 신뢰를 점차 잃어 가면서 어사제도도 그 본래적 의미에 부응하는 제대로의 역할을 하지 못하게 되었다. 조선 후기에 민란이 속출하게 된 것이 결코 이와 무관하지 않을 것이다.

백성들의 고충을 잘 헤아리고 그 부당함을 바로 고친 어사 신응시의 명판결을 소개한다. 조선 중종 말부터 선조 초에 걸쳐 예조참의(예조의 정3품 벼슬), 병조참지(병조의 정3품 벼슬)를 거쳐서 대사간에 이른 인물로서 신응시란 사람이 있었다.165) 그가 호남어사로 활동하던 시절 전라도 남원에서 다음과 같은 일이 있었다. 즉 충맹(雎氓)이란 사람이 불교를 광신하여 만복사(萬福寺)란 절에 논과 밭을 포함한

---

161) 임병준, 159~160쪽.

162) 임병준, 168~170쪽.

163) 영조 39년 4월 9일조

164) 순조 22년 6월 26일조

165) 지방수령 재직 시에는 재판을 할 경우 서리들에게 종일토록 각종 장부와 서류를 들고 서 있게 하였다. 소장이 들어오는 대로 신속히 재판하였고 페스러운 법례는 과감히 없앴다. 행정과 교육에 힘썼으므로 백성이 모두 칭송하며 따랐다고 한다.

그의 전 재산을 모두 시주하였으나, 이로 인해 굶어죽게 되었고 그 자식 또한 거지로 떠도는 일이 발생하였다. 이로 인해 그 부당함을 호소하며 시주한 논과 밭을 다시 돌려달라는 소송이 제기되었으나 번번이 패소하였다.

마침 어사 신응시에게 또다시 같은 내용의 소지(所持)가 제출되었다. 소지의 내용인즉 "제 아비가 생전에 불교를 광신하여 만복사(萬福寺)란 절에 논과 밭을 포함한 전 재산을 모두 시주하였습니다. 그러나 시주한 후 가세가 기울어 아비는 굶어 죽게 되었고 저는 고아가 되어 떠돌아다니며 빌어먹는 신세가 되었습니다. 이보다 더 원통한 일이 어디에 있겠습니까! 바라옵건대 만복사에 시주한 논과 밭을 소인에게 다시 돌려주시기를 간청하옵니다."

이에 어사 신응시는 다음과 같이 판결하였다. "아비가 논과 밭을 내놓아 시주한 것은 본래가 복을 구하려 한 것인데 이로 인해 그 몸은 벌써 굶어 죽었고 그 아들 또한 고아가 되어 거리를 떠돌며 빌어먹고 있으니 이는 부처의 영험이 없음을 말하는 것이다. 고로 논과 밭은 그 임자인 아들에게 돌려주도록 하고 복은 부처에게 바치도록 하라."166)

당시는 불교를 규탄하던 때일 뿐 아니라 경국대전(經國大典) 형전(刑典) 금제조(禁制條)에도 "사노비나 논밭을 절이나 무당들에게 시주한 자는 죄를 논한 후에 그 노비와 논밭을 국가에서 몰수한다."는 규정이 있었기에 원칙대로라면 이 사건의 논밭도 국가에서 몰수하여야 했다. 그러나 그 아들이 딱하므로 그에게 돌려주도록 한 것이었다.

---

166) 어숙권 한고관외사(寒皐觀外史) 효빈잡기(效嚬雜記) 상.

이는 어사 신응시가 원칙에만 매이지 않고 구체적 타당성(妥當性)을 고려하여 나름의 융통성을 발휘한 경우라고 하겠다.

〈표 13〉 ■ 임시 재판기관(암행어사) ■

| 암행어사 | · 최초의 기록은 "4월 암행어사를 각 도(道)에 보낸다."라고 기록된 1509년(중종 4)의 중종실록임.
· 선조 때까지는 암행어사에 대한 비판이 강하여 별로 파견하지 못하다가, 인조 때부터 점차 제도화됨.
· 초기에는 왕이 직접 선출하였으나, 영조 11년(1735)부터 암행어사 추천정책이 실현됨. 이때부터 국왕이 극비로 단독 임명하는 경우와 대신의 천거로 임명하는 방법이 병행됨.
· 수의(繡衣)·직지(直指)라고도 불림.
· 1892년(고종 29)에 이면상(李冕相)을 전라도 암행어사로 파견한 것을 끝으로 폐지됨. | · 봉서(封書)·사목(事目)·마패(馬牌)·유척(鍮尺) 등을 수여받음.
· 비리 규찰하는 것을 그 소임으로 하였으므로 형벌을 내릴 수 없었음. 비위(非違)·탐오(貪汚) 등 수령의 잘못이 밝혀지면 그 죄질에 따라 관인을 빼앗고 봉고파직(封庫罷職)하여 직무 집행을 정지시킴. 또한 임시로 형옥(刑獄)을 심리하여 백성들의 억울함을 풀어 주기도 함.
· 임무가 끝나면 서계(書啓)에 수령의 행적에 대해서 상세히 기록하고 별단(別單)에 자신이 보고들은 민정과 효자·열녀 등의 미담을 적어 국왕에게 바쳐 지방행정의 개선을 촉구함. | · 승정원, 삼사(三司), 예문관 등 임금을 직접 모시는 시종신(侍從臣) 중에서 선발함. |

"우리나라를 특장 있게 함으로써 거의 모범이 되게 하기에 이르렀더니"

"**법**관은 판결로서 말한다."는 이야기가 있다. 이는 무엇보다도 원칙에 따른 공정한 판결만이 재판을 하는 자의 도리임을 단적으로 표현한 것일 것이다. 오늘날 명판결을 내려 소송당사자뿐 아니라 주변에 명법관으로 칭송받는 이들이 꽤 많다. 과거 우리 조상들 가운데서도 준엄하고 공정한 재판으로 그리고 고매한 인품으로 그 이름을 드높였던 분들이 역사 기록 속에 나타난다. 그중 몇 사람을 소개해 본다.

권 엄

18세기 말엽 영·정조 때 한성판윤을 거쳐 병조판서를 지낸 권엄이란 사람이 있었는데, 그는 위세에 굴하지 않고 원칙대로 재판한 재판관으로도 널리 알려져 있다. 그가 한성판윤으로 재직하던 때의 일이다.

당시 어의(御醫)이던 강명길은 왕의 은총을 믿고 그 위세가 등등

하였다. 그러던 차에 강이 그의 부모의 묘를 이장하기 위하여 서대문 밖에 산지를 구입하였는데 그곳에 살고 있던 마을 주민들과 마찰이 생기게 되었다.

이에 강명길은 이들을 자신의 산에서 쫓아내기 위해 다음과 같은 내용의 소지를 작성하여 한성부에 제출하였다.

"저는 부모의 묘를 이장하기 위하여 서대문 밖 인근에 산지를 매입하였습니다. 산지를 매입하면서 산 아래에 살고 있던 민가 수십 채도 함께 사들이게 되었는데, 당시 이들로부터 10월에 추수가 끝나면 집을 비워주고 나가겠다는 약조를 받은 바 있습니다. 그런데 약조한 시일이 한참이나 지났음에도 이들은 그 약조를 지키지 않고 있습니다. 부디 이들을 제 땅에서 내쫓아 주시기 바랍니다."

권 판윤이 이를 잘 살펴보니, 민가에서 집을 비워주고 나가기로 약조한 그해에 전국적으로 흉년이 들어 민가에서는 그 약조를 지킬 수가 없었다. 이에 권 판윤이 이들의 사정을 딱하게 여겨 강명길의 요구를 들어주지 아니하였다.

이에 강이 왕에게 이러한 사실을 고하고 선처를 부탁하였다. 왕이 승지(承旨) 이익운(李益運)을 불러 이르기를, "어의 강명길이 다시 한성부에 제소하면 한성부의 관리들을 시켜 민가의 사람들을 몰아내게 하도록 권엄에게 이르라."고 명하였다.

다음 날 강이 왕의 부탁을 믿고 다시 제소했으나 권 판윤은 전과 마찬가지로 "민가의 사람들을 몰아내는 것을 허락하지 아니한다."며 이를 받아들이지 아니하였다. 왕이 그 사실을 듣고 노하여 이 승지를 불러들여 "어찌 이런 일이 있을 수 있는가! 감히 권엄이 과인의 말을 듣지 않는단 말인가!" 하며 꾸짖었다. 왕의 노여움이 어찌나 대단했던지 그 자리에 있던 사람들은 모두 벌벌 떨기만 했다.

이에 이 승지가 권 판윤에게 가서 "대감. 전하의 노여움이 극에 달하였습니다. 어찌하여 자꾸 전하의 노여움을 사려고 그리하십니까."라며 왕의 불편한 심기를 전달하였다. 이에 권 판윤은 "이 승지. 그들이 흉년으로 말미암아 당장 배를 주리고 추위가 뼈에 사무치는데, 만약 그들을 지금 집에서 쫓아낸다면 모두 길에서 죽게 될 것입니다. 내가 죄를 지을지언정 차마 내쫓아 그들로 하여금 나라를 원망하게 할 수는 없지 않소이까."라고 답하였다.

그 다음 날 강이 다시 제소하였으나 전과 마찬가지로 조금도 결정에 변함이 없자 이를 전해 들은 주변 사람들은 권엄이 이로 인해 반드시 화를 당할 것이라 무척 걱정하였다.

그러나 그 예상과 다르게 며칠이 지난 후에 왕이 이 승지를 불러 말하기를, "내가 가만히 생각해 보니 지난번 권 판윤의 처사가 참으로 옳았던 것 같소. 권 판윤은 참으로 얻기 어려운 드문 인재이다."라고 하였다. 후에 이 말을 전해 들은 권엄은 너무도 감격해서 눈물을 감추지 못하였다.[167]

이 보 림

고려 말 사람으로 성품이 곧고 인품이 뛰어나 백성들로부터 칭송이 자자하던 이보림이란 사람이 있었다.[168] 그가 경산부(지금의 星州)의 수령으로 있을 때의 일이었다.

한 백성이 와서, "사또. 제 이웃에 사는 김가란 놈이 아무런 이유

---

167) 한국고서문학회, 조선시대생활사, 서울: 역사비평사, 2002, 405~406쪽.
168) 이보림은 분재(益齋) 이제현(李齊賢)의 손자로 알려지고 있다.

도 없이 제가 기르고 있는 소의 혀를 잘랐습니다. 이를 벌하여 주십시오!"라고 고하였다.

이에 이보림이 그 김가를 잡아오도록 하여 심문하였다. "너는 어찌하여 남이 애지중지하는 소의 혀를 잘랐느냐!"

"소인이 어찌 그런 일을 하겠습니까! 저는 정말로 그런 일을 한 적이 없습니다. 제가 그리하였다는 증거를 보여 주십시오."라며 딱 잡아떼었다.

이보림은 이리저리 고민한 끝에 꾀를 내었다. 먼저 혀가 잘린 소에게 한참 동안 물을 먹이지 않고 갈증이 나도록 한 다음 간장을 물에 타도록 하였다. 이는 소가 갈증이 난 상태에서는 물을 보면 가리지 않고 마시려 할 것이라는 데에 착안한 것이었다. 이보림이 마을 사람들을 모두 한곳에 모이게 한 후 다음과 같이 일렀다.

"너희들이 차례로 돌아가며 간장 탄 물을 소에게 마시게 하도록 하라! 그러나 만약 소가 그 물을 마시려 하면 바로 물통을 소에게서 떼어놓도록 하라!"

마을사람들이 명령대로 그대로 따라 하였다. 마침 김가의 순서가 되어 그가 소 앞에 이르자 소가 깜짝 놀라 매여 있던 줄을 뿌리치고 달아나 버리고 말았다.

이에 이보림이, "어찌 네가 거짓을 고하려 하느냐! 네가 바로 범인이다. 그렇지 않다면 소가 어찌 너를 보고 저리도 급하게 겁에 질려 달아날 수 있겠느냐!"

이보림의 이 말 한마디에 김가는, "이웃 집 소가 하도 제 벼를 뜯어먹기에 순간적으로 화가 치밀어 그 혀를 잘랐습니다. 저의 잘못을 용서하여 주십시오!"라고 자백하였다.

이보림이 내린 또 다른 유명한 판결이 있다. 어떤 사람의 말이 농부의 밀밭에 들어가서 다 자란 밀을 모두 뜯어 먹어 버렸다.

말 주인은 농부에게 "내가 가을이 되면 이를 모두 갚아주겠소"라고 약속하였다. 그런데 여름이 되어 밀밭에서 다시 싹이 돋아나게 되자 말 주인은 자신이 약속한 말을 바꾸며 "이보시오. 밀밭에서 다시 싹이 돋아나니 밀을 수확할 수 있을 것이요. 그렇다면 내가 그것을 갚아 줄 이유가 없소!"라고 발뺌을 하였다.

이에 농부는 이를 괘씸히 여겨 말 주인을 관에 고소하게 되었다. 이를 접하게 된 이보림이 고민 끝에 꾀를 내었다. 그리고 말 주인과 농부를 함께 불러, "말 주인은 앉고 농부는 서 있으라. 그리고 두 사람이 함께 뜀박질을 하여라! 내 뒤처진 자에게 벌을 내리겠노라!"라고 명하였다.

그런데 말 주인이 뜀박질에서 점차 뒤떨어지게 되자 이보림에게, "사또. 이는 너무 불공평합니다. 저 사람은 서서 뛰고 소인은 이렇게 앉아서 뛰는데 소인이 어찌 저자를 앞지를 수 있겠습니까! 이런 법이 대체 어디에 있습니까?"라고 불평하며 대들었다.

그러자 이보림은, "밀도 역시 그렇다. 말이 먹은 뒤에 다시 싹이 나서 자라기는 하였으나 과연 수확이 제대로 될 수 있었겠느냐! 어찌 너와 같이 뻔뻔할 수 있단 말이냐!"고 하면서 형장(刑杖)으로 다스리도록 하고 아울러 농부의 손해도 변상토록 명하였다.

정 진

세종 때 형조판서로 지냈고 정도전(鄭道傳)의 아들로서도 유명한 정진(鄭津)이란 사람이 있었다. 정진은 공무에 임해서는 서울이나 지방에서의 근무이건 가리지 않고 밤낮으로 정성을 다하여 그 소임에 최선을 다하였던 것으로 알려진다. 특히 항소심의 재판장으로 재판을 함에 있어서는 그 원통함이 없도록 재판을 함으로써 그 모범이 되었다고 한다.

그가 죽었을 때 특별히 세종임금이 그의 죽음을 애도하여 제문을 지어 보냈는데, 그 내용 중에, "형조(刑曹)에서 옥사를 판결함에 반드시 원통함이 없게 하여, 우리나라를 특장 있게 함으로써 거의 모범이 되게 하기에 이르렀더니"라는 구절을 통해 이러한 그의 면면을 확인해 볼 수 있다.[169]

그의 재판에 관한 기록을 통해 그의 재판에 임하는 일면을 살펴보기로 하자.

최안종(崔安宗)이라는 자의 아내가 남편을 죽이고 그 시신을 첩의 집 문밖에 두는 살인사건이 발생하였다. 이에 관에서는 그 시신이 놓여 있는 것이 첩의 집이었기에 최의 첩을 살인죄로 하여 잡아들여 고문을 하였다. 매질을 견디지 못한 최의 첩은 결국 없는 죄를 있다고 자백하기에 이르렀다. 이 사건을 접한 정진이 이를 의심하여 "사람을 죽인 자가 그 흔적을 감추는 것은 보통 있는 일인데, 어찌 자기가 남편을 죽여서 자기 집 문밖에 둘 이치가 있겠는가?"라며 다시 심문하도록 하였다. 결국 최의 첩이 매질을 못 이겨 거짓으로 자백한 것임을 알아냈고, 최의 아내의 소행임을 밝혀 그 죗값을 치르게 하였다.[170]

---

169) 세종실록 36, 세종 9년 4월 16일(갑술) [원전] 3집 68.

허 주

세종 때 판한성부사(判漢城府事)를 지낸 허주(許周)라는 사람 역시 명재판관으로 널리 알려져 있다. 허주는 한 번 송사(訟詞)를 들으면 이를 기억하여 잊어버리지 아니하였다고 한다. 만일에 누군가 실제의 사정을 숨기고 다시 소송하는 자가 있게 되면 이를 분석하여 사실을 하나하나 들춰내 이를 따져서 적발하여 굴복시키기를 귀신과 같이 하여, 사람들이 모두 이의 없이 그의 결정에 따랐다고 한다.

또한 허주는 옳고 그름을 잘 가려내어 소송한 자에게 이치를 따져 굴복시켜 스스로 물러나게 하였다. 이에 소송에서 진 자도 그 결과에 대해 원통해하지 않았다고 한다.

그 또한 세도가로부터 청탁을 받았으나 이를 물리침으로써 미움을 사 그 자리에서 파직되기도 하였다. 이에 사람들이 이를 무척이나 한탄하였다고 한다.171)

---

170) 세종실록 36, 세종 9년 3월 6일(갑오) [원전] 3집 64.
171) 세종실록 91, 세종 22년 12월 8일(정축) [원전] 4집 327.

토 지소유권과 관련한 분쟁은 오늘날에도 빈번하게 발생하고
있다. 그러나 오늘날에는 등기제도와 토지구획 등이 잘 정
비되어 있어 내 것, 네 것이 분명하기에 판결하기는 예전보다 훨씬
수월할 것이다. 그러나 조선시대의 경우에는 이러한 것이 명확하지
않아 분쟁이 끊이지 않았다. 그렇다면 당시에는 과연 어떠한 원칙에
따라 토지의 소유권이 인정되었을까.

경국대전 호전(戶典) 무농조(務農條)에는 이렇게 규정하고 있다.

> "농사는 경종(耕種)을 모름지기 빨리 하고 제초를 부지런히 하여야 한다.
> 수령은 모든 농민에게 권유하여 조기에 갈고 매게 하고 부족함을 도울 것이
> 다. 농사철에는 부역이나 징발을 하지 말 것이며 관찰사는 수령의 근태상황
> 으로써 업적을 평가한다. 권농관(勸農官)은 부지런하고 착실한 자를 임명함
> 으로써 권농에 힘써 경지가 황폐되지 않도록 하여야 한다.[172] 질병으로 인
> 하여 경작할 수 없는 집의 농지는 그의 친척과 이웃으로 하여금 갈게 함으
> 로써 황폐시키지 말아야 한다. 관둔전(官屯田)을 촌민의 부역으로 경작해서
> 는 안 된다."

---

172) 태조는 개국 초 법령을 반포하여 수령은 농사를 권장하는 일에 힘쓰고 수령의 업적평가(전
최: 殿最)는 농지개간의 다소(多少)에 따라 3등으로 나누어 평가토록 하였다. 아울러 무능
한 자는 파면토록 하고 유능한 자를 등용시키는 데 참고토록 하였다(태조 3년 4월). 이러한
정신이 후에도 계속 전승되었던 것이다.

이러한 입법정신은 조선시대 초기부터 강력하게 추진되었던 권농정
책을 그대로 반영한 것으로, 역대 왕들은 경작(耕作)하지 않고 땅을
그대로 방치하는 자를 처벌하는 정책을 계속적으로 시행하였다.173)

따라서 위와 같은 법하에서 땅은 실제로 자기가 이용하지 않으면
남의 땅이 될 가능성이 많았고 더욱이 힘의 강약에 의하여 좌우되기
도 하였으니 힘없고 배경 없는 자는 땅을 놀릴 수 없었던 것이다.
'갈아야 내 땅'이란 의식은 '경작강제법(耕作强制法)'에서 비롯한
것이며 이러한 의식은 오늘날까지도 계승되고 있다고 하겠다.

조선 정조 때에 발생한 토지분쟁 사건을 소개해 본다. 이 사건은
토지 소유권이 누구에게 있는가와 관련하여 의미를 갖는다.174)

여름<정조 15년: 1791>에 대홍수로 말미암아 한 생원이라는 자의 논
이 냇가의 모래로 뒤덮여 경작할 수 없게 되었다. 이에 한 생원은
그해 8월에 다음과 같은 내용의, 즉 "누구든지 이곳의 논을 경작한
자는 3년 후에 반드시 반환한다."는 증명(입안: 立案)을 경작자들로
부터 받아 놓았다. 3년이 지나서 한 생원이 경작자들에게 증명서를
근거로 하여 논을 돌려줄 것을 요구하자, 경작자들이 이에 불응하였
다<정조 18년 10월>. 한 생원은 이들을 상대로 소송을 제기하게 되었고
결국 승소하였다.

그러나 경작자 중 김 생원이란 자가, "이 땅은 물속의 땅이며 물
속은 용왕의 나라요. 용왕이 이 땅을 내어주라면 내가 내어줄 수 있
으나 관에서 내어주라고 하면 나는 죽어도 그렇게는 못 하겠소!"라

---

173) 일예로 태조는 많은 농지를 가지고 있으면서 놀리며 남이 경작하려 하는 것을 금하는 자는
그 놀리는 땅이 10부(負)이면 태(笞) 10으로 처벌하고 매 10부(負)마다 장(杖) 80형(刑)의
한도로 한 등(等)씩 가벌(加罰)토록 하였다. 그리고 그 농지는 농지가 없는 무전자(無田者)
나 영세농(零細農)에게 주도록 하였다.

174) 박병호, 231~232쪽.

며 생떼를 쓰고 나왔다. 다시 한 생원은 김 생원을 상대로 소송을 제기하게 되었고 이번에도 역시 승소하였다<정조 19년 윤2월>. 그러나 김 생원이 여전히 그 땅을 돌려주기를 거부하자 다시 김 생원을 상대로 하여 소송을 제기해 재차 승소하였다<정조 20년 8월>.

그런데 기존에 땅을 경작하던 자 중에 이 생원이란 자가 있었는데, 이자가 말하기를, "내 땅의 일부가 한 생원의 증명문서 안에 들어 있으니 그 땅은 내 소유의 땅이요. 그 땅을 돌려줄 수 없으니 맘대로 하시오."라며 논을 돌려주지 않았다. 이에 한 생원은 이 생원을 상대로 하여 빼앗긴 땅을 되돌려 받기 위해 소를 제기하였다<정조 21년 2월>.

사또가 두 사람을 불러 이르기를, "두 사람은 그동안 서로 친하게 지내온 이웃 사이이니 서로 양보하여 화해하도록 하라."라며 화해를 권유하였다. 사또의 권유로 두 사람은 서로 양보하여 화해키로 하였는데, 이로 인해 두 사람 간의 문제는 원만히 해결되는 듯 보였다. 그런데 같은 해 5월에 이 생원이 밤에 몰래 한 생원에게 양보했던 땅에 들어와 그곳에 심어져 있던 밀을 모두 베어가 버리는 일이 발생하였다.

이에 한 생원은 격분하여, "이렇듯 법도 모르고 상식이 통하지 않는 무지한 자와는 더 이상 화해할 수 없습니다. 제가 이 생원에게 양보한 논과 그 논의 수확물도 모두 되찾을 수 있도록 해 주십시오!"라며 소송을 제기하였다.

이에 이 생원이, "어찌 내가 심어 놓은 밀을 내가 베어 가는 것이 잘못된 일이란 말입니까! 자기가 경작한 땅에서 난 수확물을 자신이 수확하는 것은 당연한 이치가 아니요!"라며 한 생원의 주장을 반박하였다.

사또는 다시 두 사람을 불러, "두 사람의 사정을 내가 충분히 알고 있다. 이 토지를 두 사람이 반반씩 나누어 경작하도록 하라!(분반경작: 分半耕作)"는 결정을 내렸다.175)

홍수 때문이기는 하였으나 한 생원은 스스로 땅을 경작하지 않음으로 인해 실제 경작하던 자들로부터 자기 땅을 찾는 데 4년이라는 세월을 허송하였고 또한 소송하느라 많은 비용을 지출하여 큰 손해를 입지 않으면 안 되었다.

이는 결국 "땅은 갈아야 비로소 내 땅이다."라는 당시의 토지 소유권 관념을 무시한 데서 비롯한 결과가 아니었을까. 토지 소유권과 관련한 이러한 백성들의 의식과 실제 법규범은 어느 정도의 차이를 보이고 있을까! 우리의 전통적인 법의식을 들여다보면 농촌의 경우에는 하나의 전통으로서 사실상(事實上)의 지배권을 중시하여 왔다. 즉 사실적인 지배관계를 중시하는 특유의 소유권 의식이 나름의 규범력(規範力)을 발휘하였던 것이다. 그러나 경국대전 이후 논밭과 가옥을 매매한 경우 계약체결일로부터 100일 이내에 소관 관서에서 매매에 대한 공증인 입안을 받는 것이 원칙화되었다.

그런데 문제는 이러한 입안을 받기 위한 절차가 당시의 상황에 비추어 볼 때 여러 가지로 번잡하였다는 점이다. 즉 매도인(賣渡人), 매수인(買受人), 증인(證人), 필집(筆執) 등 최소 4명이 동시에 관사(官司)에 출두하여야 했는데, 당시의 교통환경에 비추어 볼 때 하루에 도보로 먼 거리에 있는 관사에 함께 가는 일이 쉬운 일은 아니

---

175) 대전통편(大典通編) 호전(戶典) 수세조(收稅條)에서는 백근법(白根法: 놀리고 있는 농지를 백근(白根)이라 하고, 백근지를 신고 경작할 수 있는 법을 백근법(白根法)이라 함)에 의한 경작자는 3년 후에 비로소 국가에 납세하게 하며 혹시 땅주인이 와서 자기가 경작할 테니 내어놓으라고 다투면 수확의 3분의 1을 땅주인에게 주고 10년이 지나면 절반씩 나누도록 하였다.

었으리라! 더구나 매도인 외에는 선뜻 나서는 자도 거의 없었을 것이다.

또한 입안을 받으려면 법률로 정해진 수수료를(작지: 作紙) 납부하여야 했는데, 농지나 가옥의 면적에 따른 일정액의 백지나 쌀을 지불하여야 했다. 그런데 이러한 수수료의 부담이 과중할 뿐만 아니라 관에서도 규정을 벗어나 마구 징수하는 경우가 많이 발생하였다.

이러한 이유로 인해 입안(立案)제도는 잘 이용되지 않게 되었고 조선 중기와 후기에 들어 내우외환(內憂外患)이 자주 발생함으로 인해 더욱 꺼려지게 되었다. 결국 조선 후기에는 특히 필요한 경우이거나 경제적으로 여유 있는 자만이 입안을 받게 되었다.[176] 결국 이러한 전통적 의식이 이어져 내려와 불과 얼마 전까지도 부동산을 등기함에 있어 무관심 내지는 꺼리도록 만들게 한 잔재(殘在)로 남아 있었던 것은 아닐는지!

---

176) 박병호, 238~239면 참조

오늘날의 변호사는 타인의 대리인으로서 소송을 준비, 관리하고 기소 또는 변론을 담당하는 자로서 소송에 필요하거나 또는 법적인 문제들에 대하여 조언을 제공하도록 훈련을 받아 그 자격을 취득한 자를 말한다. 이들은 국민의 기본적 인권을 옹호하고 사회정의를 실현함을 그 사명으로 하며 그에 따라 직무를 수행할 책무를 갖고 있다.[177]

조선시대에는 오늘날에 있어서와 달리 합법적으로 인정된 지금의 법률가 집단이라고 할 만한 것이 존재하지 않았기 때문에 당사자들이 소송에 있어서 법률적 조력을 받기가 쉽지 않았었다. 그러나 기록상으로는 현재의 변호사에 비견할 만한 '외지부(外知部)'라는 사람들의 존재가 확인되고 있다. 외지부(外知部)란 노비와 관련한 소송을 담당하던 장예원이 이전에는 도관지부(都官知部)라고 불렸던 연유에서 속칭하게 된 것이다. 이들은 관사주변을 서성거리면서 민사적 분쟁사건으로 난처한 상황에 빠진 사람이나 사송(詞訟)을 제기하러 온 사람들에게 소지(所持)의 작성 또는 소송기술을 가르쳐 주기도 하였고, 때론 의뢰한 사람에게 고용되어 소송대리인으로서 소

---

177) 류승훈, 민사소송법, 서울: 신화, 2005, 105쪽.

송을 대신하는 것을 업으로 삼기도 하였다. 만약 자신의 도움으로 의뢰인이 승소하였을 때에는 약정에 따른 대가를 받기도 하였다.

그러나 외지부는 당사자를 대리하여 법정에 설 수 없었을 뿐만 아니라 후에는 소송을 조장하는 무리로 여겨 정부로부터 극심한 탄압을 받게 된다. 이들이 이렇게 취급당하게 된 것은 이들이 승소를 위해 증거의 위조는 물론 상대방을 곤경에 빠뜨리게 하기 위해 각종 소송기한을 교묘한 방법으로 연장하거나 절차를 지연시키곤 하였다. 또한 거짓 서명(手決: 수결)을 하거나 관인을 도용하여 소송문서를 작성하면서 불법적인 방법으로 소송에 간섭하기도 하였기 때문이었다.178)

외지부들은 때로 임금이 관리들에게 내리는 글과 선대의 임금들이 공신에게 훈작을 봉할 때 내리던 명령문서(책명: 策命) 그리고 병조(兵曹)의 관인을 가짜로 만들었을 뿐만 아니라 대간(臺諫)이 왕에게 올린 글 및 공문(公文) 등의 문서까지도 가짜로 만들어 백성을 속이고 뇌물을 받기도 하였다.179) 일예로 무과출신인 양상언과 박승창 등은 비록 선비의 집안 또는 그 자손이 아니었으나 양반가의 일파로 일반 서민과 그 신분이 달랐다. 그런데 이들 두 사람이 김중명이란 자와 일당이 되어 문서를 위조하고 노비들을 마구 팔아치웠다. 또한 서로 한편이 되어 소송을 대신해 주면서 한 사람이 두 번 이상 소를 제기할 수 없다는 규정을 피해 가며 서로 번갈아 소송에 관여하였고 승소하면 이익을 나누어 가졌다. 이들의 이름이 법조문서에 나타난 것이 거의 십여 차례라는 지적이 있었던 것으로 보아 이들이 소송대리 업무를 거의 업으로 하였던 것으로 보인다.

---

178) 律例要覽 58, 盜用印信.
179) 숙종실록 17, 숙종 12년 8월 27일(기묘) [원전] 39권 75.

외지부들의 이러한 행위는 국가의 통치나 체제유치 측면에서 볼 때 직접적인 문제가 되는 것은 아니었으므로 굳이 이를 중벌로 처벌할 필요는 없었다. 그러나 이들 외지부들의 소송을 유발하고 이를 좌지우지하는 행위는 '소송이 없음(무송: 無訟)'을 지향하는 국가의 정책에 반하는 것으로 이를 엄하게 다룰 필요성이 있었기에 소송 관련 행위 자체를 못 하도록 먼 곳으로 귀양을 보냈다.180)

이렇듯 외지부들은 공개적으로 활동할 수가 없었고, 급기야 성종 9년(1478) 8월부터는 외지부를 붙잡아 장 100 형에다 전 가족을 변경으로 이주하도록 하는 형에 처하도록 하였다. 일예로 강원도 삼화부의 정대량이란 자는 협잡인과 서로 교류하면서 겉으로는 백성을 위하는 일을 한다고 사칭하였다. 그러나 실제로는 다툼을 꼬드기고 또한 계책을 만들어 인근 동네에 여러 차례에 걸쳐 소를 제기함으로써 '장립아문쟁송위업자 장 1백 유 3천 리(長立衙門爭訟爲業者杖一白流三千里)'의 율(律)에 의해 처벌되기도 하였다.181) 뿐만 아니라 이를 붙잡아 신고한 자에게는 강도를 붙잡은 예에 따라 1인당 면포 50필을 상으로 주도록 하는 법령을 공포하기에 이르렀다.182) 이때부터 외지부들은 차차 그 자취를 감추게 되었고 결국 하나의 직업적 법조인의 싹이 끊기게 되었다.

당시 왕과 관리들이 외지부를 어떻게 보았는가와 관련하여 그 기록을 살펴보면,

---

180) 임상혁, 121쪽.

181) 大典通編 刑典 聽理條.

182) 大典後續錄 刑典 雜令: "항시 결송아문(決訟衙門: 송사를 처결하는 관청)을 배회하면서 남에게 소송을 교사, 유도하는 것을 업으로 하고 있는 자는 그 관청으로 하여금 수소문하여 형조에 보고하게 하고 죄상을 문초하여 사실을 밝힌 다음 장 일백과 변방으로의 이주(전가사변)에 처한다. 또 그러한 자에 대하여는 다른 사람이 체포하여 관에 신고하는 것을 허용하고 잡아온 자에게는 강도를 붙잡아 온 예에 따라 일인당 면포 50필을 상으로 지급한다."

"간세한 무리들이 내수사(內需司: 왕실의 사유재산을 관리하는 곳)의 노비
를 불법으로 차지하고 개인소유의 노비로 하고자 하는 자가 있다. 가난하고
세력 없는 노비가 내수사(內需司)에 몸을 맡기려고 몰래 선두안(宣頭案: 내
수사에 속해 있는 노비들의 원적부)에 등록하면 (간세한 무리들이) 외지부와
결탁하여 외지부로 하여금 이러한 사실을 들추게 한다. 이런 경우 내수사(內
需司) 노비를 개인소유의 노비로 해 주는 송관들도 간혹 있다. 혹은 이러한
사실을 고하는 자의 술수에 빠져 …(중략)… 내수사로부터 질책을 받을 것
임을 알면서도 흰 것을 검다고 하는 자가 많다. (중략) ……상을 받는 것을
이롭게 여겨 거짓으로 터무니없는 일을 있는 것처럼 꾸며 송사를 일으키는
등 정상이 심히 나쁜 자는 외지부율로 그 죄를 묻는다."[183]

형조에서 아뢰기를,

"지난날 이르시기를, '무뢰배들이 항상 재판정에 와서 혹은 품을 받고 대신
소송을 하기도 하고 혹은 사람들이 소송을 하도록 유도하여 송사를 일으키
게 한다. 또한 법조문을 마음대로 해석하여 법을 남용하여 옳고 그름을 변
경하고 어지럽게 한다. 이들을 민간에서 속칭 외지부라고 하는데 쟁송의 어
지러움이 실로 이러한 무리들로부터 말미암는 것이다. 마땅히 엄하게 징계
하여 간사하고 거짓됨을 없애야 할 것이다.'라고 하셨습니다. 형조에서 외지
부라 일컫는 자들에게 죄를 물어 전 가족을 변방으로 옮겼으나, 아직도 전
부 없애지는 못하여 예전에 비해 나아진 바가 없습니다."[184]

조선시대에는 유교적인 가치가 중시되었기에 소송이 없는 사회를
이상사회(理想社會)로 보았다. 때문에 소송에 대한 인식이 부정적일
수밖에 없었고, 올바른 소송문화를 애초부터 인정할 수 없었던 지배
층의 의식에서는 소송에 관계하는 이들 외지부를 쟁송을 교사하는
자(쟁송교사자: 爭訟敎唆者)로 인식하였던 것이다.

---

183) 詞訟類聚 禁制, 명종 9년 4월 2일 敎命.
184) 성종실록 95, 성종 9년 8월 15일(갑진) [원전] 9집 642.

제 12. 코를 베거나 큰 가마솥에 사람을 넣고 끓여 죽이는 잔인한 고문과 형벌

조선시대의 형사재판절차는 오늘날의 재판절차와 다른 규문주의(糾問主義)를 취하였으므로 필연적으로 형벌권의 자의적(恣意的) 행사라는 결과를 가져오게 되었다. 이는 형벌권행사를 통제할 수 있는 장치가 전혀 없는 제도였기에, 이처럼 통제되지 않는 권력이 남용되는 것은 당연한 일이었다. 혐의를 주장하는 기관과 이를 판단하는 기관의 구별이 없었으므로 탄핵기관(彈劾機關)이 곧 재판기관(裁判機關)이었고 재판기관이 바로 탄핵기관이었다. 이러한 절차 하에서 피의자는 아무 권리가 없는 상태에서 수사와 재판의 객체가 되어야 하였다. 문제는 형벌권이 자의적으로 행사되면서 형벌권 행사를 담당하는 관리가 이를 돈벌이에 이용하는 현상이 나타나게 되었고, 이를 통해 축재(蓄財)하는 일이 빈번해졌다는 점이었다. 이러한 형벌권의 지배계층에 의한 독점과 자의적인 행사는 피지배계층에 대해 막대한 피해와 반발을 초래하게 된다.

당시에는 피의자를 조사의 객체로만 생각하였으므로 고문은 합법적인 조사수단으로 인정되었다. 근자에 들어 고문이라는 단어는 생소하게 느껴질 정도이다. 그러나 고문은 불과 수년 전만 해도 우리 사회에서 큰 논란이 되었던 암적 존재이기도 하였다. 그런데 조선시대에는 합법적으로든 혹은 비합법적으로든 현재에는 상상하기조차 힘든 형벌과 고문이 자행되었다. 과연 고문이나 형벌로 어떠한 것들이 시행되었는지 몇 가지를 소개해 본다.

먼저 발뒤꿈치의 힘줄을 베어 버리는 경우이다(월족형: 刖足刑). 이로 인해 절름발이 또는 앉은뱅이가 되는 등 매우 잔인한 형벌이었다. 사람을 거꾸로 매달아 놓고 코에 잿물을 붓기도 하였는데(비공입회수: 鼻孔入灰水), 권세가 있는 양반집에서 노비나 천민의 죄를 다스릴 때 사용하였다고 한다. 양다리의 무릎 뼈를 둥근 나무막대로 문질러 무릎 위에 압력을 가하는 방법(압슬: 壓膝)도 있었다. 이는 10악(十惡) 또는 강도·살인과 같은 중죄를 저지른 자에게만 시행하였다. 코를 베어 버리기도 하였는데(의비형: 劓鼻刑) 권세가 있는 사가(私家)에서 노비의 죄를 다스릴 때 자행하였다.

현재의 우리에게도 잘 알려져 있는 것으로 양다리를 묶고 그 사이에 두 개의 주장을 끼워 가위를 벌리듯이 좌우로 벌리기도 하였는데(주리), 주리를 당하면 죄인이 죄를 면하고 풀려난다 하여도 불구가 되기 쉬워 그의 사용을 엄격히 제한하였다. 때론 태(笞)로 죄인의 등을 치기도 하였다(태배: 笞背). 등은 오장(五臟)이 있는 곳이어서 이로 인해 많은 인명살상이 있었다. 양발을 묶고 양손은 뒤로 묶어 놓고 쇠막대기를 뜨겁게 달구어 발가락 사이에 넣어 지지거나 혹은 굵은 노끈을 태우기도 하였는데(포락: 炮烙), 이는 대적죄인의 신문이나 세력 있는 양반 집안에서 노비의 죄를 벌할 때 행하였다.

이 밖에도 여러 가지 다양한 방법의 고문이 등장한다. 곤장의 모서리로 정강이뼈나 발뒤꿈치 치기, 형틀에 묶어 놓고 곤장의 두 끝으로 문질러서 볼기의 가죽을 벗기기, 나무집게로 죄인의 급소를 짚어 누르기, 끈으로 두 발의 엄지발가락을 묶어 세 모서리가 있는 막대기를 끼워 거꾸로 매달고 끈을 치기, 사각의 말(두: 곡식이나 액체 따위를 되는데 쓰이는 원통모양의 나무그릇) 속에 무릎을 꿇게 하고 양손을 뒤로 묶어 놓고 막대기로 때리기(무릎 뼈가 말의 뒤 모서리에 닿으며 체중이 누르게 되므로 아프게 된다), 저고리를 벗기고 양손을 뒤로 묶어 깨진 기왓장 위에 앉히고 등을 치기, 대침으로 볼기를 찌르기, 돌로 입이나 뺨을 치기, 보리가시랭이를 입에 문지르기, 목에 씌운 나무칼을 나무에 매단 채 발에 돌을 달게 하기 등이 있었다.

죄인을 사형에 처하는 경우에도 여러 가지 방법이 있었는데 그중 큰 가마솥에 사람을 넣고 끓여 죽이는 잔인한 사형집행방법이 있었다.185) 이를 팽형(烹刑)이라고도 하고 증살(蒸殺)이라고도 하였는데 이는 말만 들어도 끔찍한 것이었다. 일반적인 팽형의 집행은 포도대장이 죄인에게 엄숙하게 죄명을 선고하고 처형을 명함으로써 끝난 것으로 간주되었다. 그러나 때론 가마솥에 미지근한 물을 담가 그 속에다 죄인을 처박거나 또는 그 빈 솥에 죄인을 넣고 솥뚜껑을 닫은 다음 아궁이에 불을 땔 때는 시늉만 하고 그치는 경우도 있었다.

팽형에 처해진 사람이 포졸에 의해 인도되어 일단 집으로 옮겨지면 그자의 지위에 맞는 응분의 상례(喪禮)를 마치 죽은 사람과 똑같은 절차대로 치렀다. 이 상례를 끝으로 죄인은 공식적으로는 그의 친지 등과 만나서도 안 되었고 오로지 집 안에 갇혀 문밖으로 나가지 못하고 가족하고만 지내야 했다.

팽형의 집행과 그로 인한 영향력이 어떠했는지는 그 집행을 실제

---

185) 이에 대한 구체적인 규정은 없으나 특별히 서정쇄신에 관한 죄를 범하여 나라의 재물이나 백성의 재물을 탐한 관리를 이 형에 처하였던 것으로 보인다. 팽형집행 시(烹刑執行時) 실제로 산 사람을 삶아 죽였는지 또는 삶는 시늉만을 했는지 또는 잘못을 저지른 자의 죄질에 따라 달라진 것인지 편의상 그렇게 하였는지는 현재로서 확인할 바가 없다.

로 목격했던 한 일본인의 목격담을 통해서도 확인해 볼 수 있다.[186] 박지원의 '열하일기'에서 소개되는 팽형 집행의 모습을 근간으로 하여 그 집행과정을 재연해 본다.

시내의 사람이 많이 다니는 다리 위에 커다란 아궁이가 만들어진다. 아궁이에는 큰 가마솥이 걸리고 장작더미에 불을 지필 차비를 갖춘다. 아궁이 바로 앞에는 차일이 쳐지고 군막을 둘러 재판석을 만든다. 그곳에 입회(立會) 포도대장이 앉을 좌석이 마련된다.

포도대장이 그 좌석에 앉고, 죄인은 가마솥의 나무뚜껑 위에 칼을 쓰고 묶인 채 앉아 포도대장의 명을 기다린다. 때마침 가마솥 밑에서 검은 연기가 구름처럼 모락모락 피어오른다.

포도대장이 죄인을 향해 큰소리로 외친다.

"죄인 박○○는 들어라. 그대는 위로 주상전하를 받들고, 아래로 백성들의 노고를 제 가속(家屬)같이 돌보아야 할 부윤(府尹)의 자리에 있던 자로 도리어 그 자리에 있는 것을 기회로 백성들의 재물을 노략질하여 사복을 채웠으니 가히 청천(靑天)하에 고개를 들지 못할 일이라."

잠깐의 침묵 후 포도대장의 준엄하고 우렁찬 목소리가 다시 울려 퍼진다.

"더구나 대대로 국록을 먹어온 자로 그 부조(父祖)를 욕되게 하였으며 군자의 예를 어겼다. 죄인 박○○를 처형하여 어리석은 백성에게 효시(梟示)가 되도록 하리라."

"무엇들 하느냐? 어서 팽형을 집행하라!"

명을 받은 포졸들이 죄인의 목에서 칼을 벗겨 내고 오랏줄을 풀어서 일으켜 세운다. 포졸들이 죄수를 들어 올려 물 담긴 가마솥 속으로 처박는다. 이것으로 팽형 집행의 모든 과정이 끝나게 된다.

---

186) 中橋政吉, 朝鮮舊時의 刑政, 治刑協會, 1937, 202~203쪽.

명 칭	내 용	비 고
고 족 형	발을 쪼개는 것으로 사가에서 노비의 죄를 다스리면서 자행하는 경우가 있었음	형전사목(刑典事目)에서 이를 금하도록 함.
난 장 (亂杖)	· 양쪽 엄지발가락을 한데 묶어 놓고 발바닥을 치는 것을 말하는데, 때로는 여러 명이 장으로 신체의 어느 부분도 가리지 않고 난타하는 것을 뜻하는 것으로 이해되기도 함. · 난장 시 발바닥을 치다가 빗맞아 발가락이 떨어져 나가는 일이 잦아서 흔히 문헌에 '발가락 뽑는 형벌'이라고도 함. · 주로 고문의 일종으로 사용되었는데, 자칫하면 목숨을 잃게 하는 위험한 것이었음.	· 상천민(常賤民)으로서 신분이 높은 여자를 범하였거나 근친상간(近親相姦) 등의 반윤리적 죄를 범한 자를 멍석으로 싸서 여럿이 몽둥이로 난타하는 사벌(私罰)로서의 난장(亂杖)이 민간의 오랜 관습으로 존재하였다고 함. · 중종 6년(1511년)에 "난장의 형은 국법이 아니므로 이를 금한다."라는 하교를 내림. · 영조 46년에 다시 주장당문(朱杖撞問: 죄수를 가운데 두고 여럿이 죄수의 주위를 돌면서 때리는 것으로, 이때 사용하는 장(杖)이 붉은색이었기 때문에 붙여진 이름)을 없애라는 하교를 내려 이를 금지시킴.[187]
단 근 형 (斷筋刑)	죄인의 힘줄을 끊어 버리는 것으로 도적이 성할 때 이를 근절하기 위하여 임시조치로 시행된 적이 있었던 것으로 보임.	· 세종 26년 황희의 건의로 단근형을 폐지하기로 한 사실이 있는 것으로 보아 이 형은 이미 오래전부터 존재하였던 것으로 보임. · 단근형은 중종 5년에 영구히 폐지하게 됨.
비공입회수 (鼻孔入灰水)	사람을 거꾸로 매달아 놓고 코에 잿물을 붓는 것으로 권세가 있는 사가에서 노비나 천민의 죄를 다스릴 때 사용된 경우가 있었다고 함.	형전사목(刑典事目)에서 남형의 사례로서 특별히 금지하도록 함.
압 슬 (壓膝)	양다리의 무릎 뼈를 둥근 나무막대로 문질러 무릎 위에 압력을 가하는 것을 말함. 실록에 따르면(태종 17년) 죄인을 신문함에 있어 압슬형을 시행할 때 1차 시행에는 2명이, 2차 시행에는 4명이, 3차 시행에는 6명이 하는데 그 범죄가 10악(十惡) 또는 강도·살인과 같은 중죄가 아니면 압슬형을 시행하지 못한다고 함.	· 언제부터 이 형벌이 존재하였는지 확실치 않음. · 현종 6년(1665년)에 왕명으로 금지되었고, 영조 1년(1725년)에 다시 압슬을 영구히 없애라는 영이 내려짐.

---

187) 大典通編, 大典會通 刑典 推斷案.

명 칭	내 용	비 고
월 족 형 (刖足刑)	단근형의 일종으로 발뒤꿈치의 힘줄을 베어 버리는 것으로 이로 인해 절름발이 또는 앉은뱅이가 되는 등 매우 잔인하였음.	· 패륜행위를 하는 자에게 문중 혹은 마을 사람들이 사벌(私罰)로서 행하는 풍습이 존재함. · 사가(私家)에서 노비의 죄를 다스릴 때 자행하는 경우가 있어서 세종 때 법으로 이를 금지함.[188]
의비형 (劓鼻刑)	코를 베어 버리는 것으로 권세가 있는 사가에서 노비의 죄를 다스릴 때 자행한 경우가 있었음.	세종 때 이를 금하는 영을 내린 후, 역대 왕은 본 형을 불법행위로 엄히 단속함.[189]
주 리	· 중국의 협곤(夾棍)에서 비롯한 것으로 양다리를 묶고 그 사이에 두 개의 주장을 끼워 가위를 벌리듯이 좌우로 벌리는 것인데, 여기에서 주리를 튼다는 말이 나옴(전도주뢰, 煎刀周牢). · 모반 등의 중대사건의 경우 행해졌고 일반적으로는 포도청에서 도적을 다스릴 때 사용되었다. 주리를 당하게 되면 죄를 면하고 풀려난다 하여도 불구가 되기 쉬워 그의 사용을 엄격히 제한함.	
태 배 (笞背)	태(笞)로 죄인의 등을 치는 것인데 등은 오장(五臟)이 있는 곳이어서 이로 인해 많은 인명상실이 있었음.	세종 때 이를 금지하도록 함.
포 락 (炮烙)	· 불로 지지는 것으로 양발을 묶고 양손은 뒤로 묶어 놓고 쇠막대기를 뜨겁게 달구어 발가락 사이에 넣거나 혹은 굵은 노끈을 태우기도 함. · 대적죄인의 신문에 사용되었다고 하며 권문사가에서는 노비의 죄를 벌할 때 행하는 경우도 있었음.	세종 때 이를 금하는 영을 내렸으나, 완전히 없어지지 않음. 이에 영조 9년(1733년)에 다시 왕명을 내려 이를 폐지토록 함.[190]
기 타	· 곤장의 모서리로 정강이뼈나 발뒤꿈치 치기 · 형틀에 묶어 놓고 곤장의 두 끝으로 문질러서 볼기의 가죽을 벗기기 · 도둑을 다스릴 때 나무집게로 죄인의 급소를 집어 누르기 · 끈으로 두 발의 엄지발가락을 묶어 세 모서리가 있는 막대기를 끼워 거꾸로 매달고 끈을 치기 · 발목을 씨앗이(去核器)에 넣고 치기 · 사각의 말(斗) 속에 무릎을 꿇게 하고 양손을 뒤로 묶어 놓고 막대기로 때리기(무릎 뼈가 말의 뒤 모서리에 닿으며 체중이 누르게 되므로 아프게 된다) · 저고리를 벗기고 양손을 뒤로 묶어 깨진 기왓장 위에 앉히고 등을 치기 · 대침으로 볼기를 찌르기 · 돌로 입이나 뺨을 치기 · 보리가시랭이를 입에 문지르기 · 목에 씌운 나무칼을 나무에 매단 채 발에 돌을 달게 하기 등	

〈표 15〉 ■ 사형집행방법 ■

명 칭	내 용
교 수 형(교형: 絞刑)	죄인의 두 손과 두 발목을 묶고 높은 데에 매달아 목을 졸라 죽이는 것을 말함.
참 수 형(참형: 斬刑)	죄인의 목을 큰 칼로 베어 죽이는 것을 말함.
오 살(五殺) 육 시(戮屍)	· 죄인의 머리를 벤 다음 팔, 다리, 몸뚱이를 자르는 극형임. · 사람들은 형명만 들어도 몸서리를 칠 만큼 끔찍한 형벌이어서 오늘날까지도 저주를 뜻하는 말로서 전해 오고 있음.
거 열(車裂)	죄인의 팔과 다리를 네 방향으로 우마(牛馬)에 묶어 동시에 우마(牛馬)를 몰음으로써 죽게 하는 형벌.
사 사(賜死)	· 왕명으로 독약을 마시게 하여 죽게 하는 것. · 왕족이나 현직자(顯職者: 현재 관직에 있는 자)로서 역모에 관련되었을 때 주로 행하여짐.
부관참시(剖棺斬屍)	· 이미 죽은 자의 무덤을 파헤쳐 시신을 꺼낸 다음 참형(斬刑) 또는 능지처사(陵遲處死)를 행하는 것을 말함. · 연산군시대 무오사화, 갑자사화에 연루된 자 등에 대하여 시행된 바 있음.
효 수(梟首)	· 기사(棄市)라고도 함. · 사형을 집행한 다음 죄수의 머리를 매달아 일반 백성에게 보이거나 시신을 길거리에 내버려 사람들로 하여금 참혹한 죽음을 볼 수 있도록 하여 범죄에 대한 일반예방의 효과를 거두고자 한 것으로 보임. · 가 제도는 고대로부터 있어 왔으나 조선시대에 이르러서는 거의 그 자취를 감추었다. 그러나 국사(國事)에 관련된 특별한 사건, 즉 역모 등이 발생하였을 때 간혹 시행된 경우가 있었음. · 조선 말기에 갑신정변에 실패한 개화파 요인들이 사형 후 효수(梟首)되기도 함.
팽 형(烹刑)	· 큰 가마솥에 사람을 넣고 끓여 죽임. · 형을 실제로 집행한다기보다는 일반 백성이 널리 보는 가운데에 범죄자에게 면박(面駁)을 주기 위한 과시용으로 행하여졌던 것이 아닌가 보임. · 팽형의 집행은 구한말까지 존속했던 것으로 전하여짐.

---

188) 大典會通 刑典 推斷案.

189) 大典通編 刑典 推斷案.

190) 續大典, 大典通編 刑典 推斷案.

제 13. 인간 세상에 있는 귀신의 집, 감옥
- 양계(陽界)의 귀부(鬼府)

조선시대에는 경국대전 형전을 비롯한 대부분의 형사법전에 수금(囚禁: 죄수를 가둠)조항을 두어 구금(拘禁)할 수 있는 기관 및 구금요건 등에 대해 상세히 규정하였다. 이는 죄수들의 구금에 신중을 기하고 구금자의 인권을 최대한 보호하기 위한 조치였다.

감옥에서의 고통(苦痛)은 당시에는 실로 말로 형언할 수 없을 정도였다. 세종이 형조에 이른 다음의 내용이 이를 잘 확인해 준다.

> "감옥이란 죄가 있는 자를 징계하는 곳이지 본래 사람을 죽게 하는 곳은 아니다. 그런데 감옥을 담당한 관원이 옥에 갇힌 죄인을 보살피는 데 태만히 하여서 극심한 추위와 찌는 듯한 더위에 혹은 병에 걸리고 혹은 굶주려서 간간이 비명에 죽게 하는 경우가 있다. 모든 관리들은 나의 지극한 뜻을 깨달아 실천하여 감옥 안을 깨끗이 청소하고 질병을 치료해 주도록 하라. 만약 돌보아 줄 사람이 없다면 관아에서 옷과 먹을 것을 주도록 하라. 만약 게으름을 피우고 내 명을 잘 이행하지 않는 자가 있을 때에는 엄하게 다스리도록 하겠다."[191]

이러한 명에 따라 감옥에서의 고통을 최소화하기 위한 여러 가지

---

191) 국조보감 제6권 세종 7년(을사, 1425).

대책이 강구되어 시행되었다. 그 예로서 매년 4월부터 8월까지는 냉수를 옥중에 넣어 주어 자주 갈아주고, 5월부터 7월까지는 열흘에 한 차례 목욕할 수 있게 하며 매월 한 차례 머리를 감을 수 있도록 하였다. 10월부터 동짓달까지는 감옥에 볏짚을 두텁게 깔아주도록 하였는데,[192] 날씨가 매우 추워질 때에는 고석(자리, 거적)을 두껍게 하여 제공하도록 하였고 뚫린 구멍과 틈 사이는 바르고 막도록 조치를 취하였다.[193]

양계(陽界)의 귀부(鬼府)라 불리는 감옥. 정약용의 목민심서에는 '옥중오고(獄中五苦)'라 하여 옥중생활에서의 다섯 가지 고통(苦痛)에 대해 소개하고 있다. 정약용은 이러한 다섯 가지의 고통에 시달리는 감옥을 '양계(陽界)[194]의 귀부(鬼府)[195]', 즉 '인간 세상에 있는 귀신의 집'이라 표현하였는데, 감옥에서의 생활이 얼마나 고통스러운 것인지를 가히 짐작게 한다.

그렇다면 감옥제도는 언제부터 시행되었을까. 그 유래는 멀리 부여(夫餘)시대로 거슬러 올라간다. 삼국시대에도 감옥에 구금됨으로 인해서 발생하게 되는 폐단을 없애기 위한 정책이 수시로 집행되었던 것으로 보인다. 고려시대에는 감옥을 관장하는 관서로서 전옥서(典獄署)와 대이사(大理寺)를 두었고, 감옥을 시옥(市獄)이라 하였다.

조선시대의 감옥은 범죄의 혐의가 있는 자에 대하여 수사 및 재판의 형사절차를 거쳐 형을 집행할 때까지의 수용을 위주로 하는 구금

---

192) 세종 30년의 옥중위생관리법 참조.

193) 추국(推鞫) 죄수의 감옥에 들이는 홰(갈대나 싸리 따위를 묶어 밤길을 밝히거나 제사 때 화톳불을 놓는 데 쓰는 물건)와 숯은 9월부터 2월까지 죄수가 10명 미만일 경우에는 10일마다 숯 1석씩, 10명 이상일 경우에는 5일마다 숯 1석씩 제공하였으나 3월부터 8월까지는 제공되지 아니하였다. 그러나 후에 홰는 봄, 여름을 가리지 아니하고 매달 3동씩 제공토록 하였다; 田錄通考 公典 雜令.

194) 인간 세상을 말함. 수중세계에 대응하는 육지세계.

195) 귀신의 집.

시설이었다. 중앙에는 의금부, 형조, 한성부, 사헌부, 병조, 승정원 등에서 직접 관장하는 아문(衙門)에도 감옥시설이 있었다. 그중 형조의 전옥서(典獄署)는 구금만을 전담하는 기관이었다. 지방에도 역시 도옥(道獄), 부옥(府獄), 군옥(郡獄) 등이 있었다.

그렇다면 일반 감옥의 모습은 어떠했을까. 감옥의 구조나 시설은 조선시대 세종 때에 이르러 확정된 것으로 보인다. 감옥은 냉옥(冷獄), 온옥(溫獄), 남옥(男獄), 여옥(女獄), 경옥(輕獄), 중옥(重屋) 등으로 나누었다. 냉옥과 온옥의 거리와 장벽담의 거리나 너비는 지형에 따라 적절하게 조정함으로써 죄수들이 넘나들 수 없도록 하였다. 모든 옥은 평지보다 높게 짓도록 하였고, 모든 옥사의 외벽은 토벽(土壁)을 쌓되 그 주위에는 벽을 가리는 장목을 다섯줄로 심도록 하였다. 문 벽은 두꺼운 판자로 막고 옥사의 외벽에는 창을 내어서 통풍이 잘되게 하였다. 실내에는 판자를 덮고 사면의 처마에는 모두 차양을 달아 죄수들이 더울 때에 낮에는 처마 밑에서 앉아 있거나 누워 있을 수 있도록 하였다.

조선시대 감옥에서도 근대적인 감옥에서와 유사한 입출옥(入出獄)의 절차, 계호(戒護), 수용(收容), 처우(處遇), 접견(接見), 위생(衛生) 및 의료(醫療)에 관한 내용이 기록에 의해 확인되고 있다.

입출옥(入出獄)과 관련한 기록을 살펴보면 다음과 같다.196)

"죄수를 입옥시킴에 있어 처음에는 호패를 헌납시키고 성명을 자세히 문초한 뒤 입옥(入獄)시키고 수도(囚徒: 감옥에 갇혀 있는 죄수)에 대하여 관련 조(曹) 및 사(司)에 통보한다. 죄수를 석방할 경우에는 전옥서에서 석방하는 사실을 직접 형조, 사헌부 또는 경조에 보고한 후 전옥서에서 대기하는 군

196) 六典條例 刑典 總例에 入出獄과 관련된 규정이 있다.

사가 인솔해 가게 한다.197) 아직 미결(未決)의 죄인으로서 다시 감옥으로
들일 경우에도 앞의 예에 따라 입옥(入獄)한다. 매일 수감되어 있는 죄인
중에 가수(枷囚: 죄인의 목에 칼을 씌워서 가둠)하거나 석방해 내보낼 경우에는
서류를 구비하여 형조에 제출한다. 그리하면 삼당상관(三堂上官) 및 입직
(入直: 관아에 들어가 차례로 숙직 또는 당직함)하는 낭관(郎官: 각 관아의 당하관을
말함)이 형방낭청(刑房郎廳)과 더불어 이를 처리한다."

죄수가 감옥에 들어오게 되면 군사들로 하여금 밤낮으로 이들을
지키게 하였는데, 낮에는 옥문을 지켰고 밤에는 순경(巡更: 밤에 도둑
이나 화재 따위를 경계하기 위하여 순찰을 도는 일)을 돌게 하였다. 순경 시에는
5명이 각 1경(更: 하루의 밤을 5등분한 시각의 이름)씩 맡아 감옥 안팎을 돌
면서 이상 유무를 확인하였다.198)

죄수들은 낮에는 일광욕을 한 후 점검을 받았으며, 밤에는 죄수들
을 옥에 들어가게 한 후 문 벽에 있는 출입문의 자물쇠를 채웠다.

죄수들에 대한 면회는 부모 또는 형제가 아니면 허가하지 아니할
정도로 엄격하였는데, 설사 전옥서(典獄署)의 벼슬아치라 할지라도
출입이 자유롭지 않았다. 특히 여자들이 수감되어 있는 감옥(女獄)
은 더욱 엄격하였는데 물이나 불 또는 음식이라 할지라도 파수를 보
는 사람으로 하여금 전달하게 하였고 아무나 함부로 접근하는 것을
금하였다.199)

---

197) 계호(戒護)를 담당하는 사령은 서리 4명, 쇄장 5명, 군사 10명이었다.
198) 秋官志 및 六典條例 刑典의 典獄署條.
199) 六典條例 刑典 獄囚條.

<표 16> ■ 옥중5고(獄中五苦) ■

명 칭	내 용
가계(枷械)의 고(苦)	· 밤낮으로 목에 도리깨칼을 채우고 사형수에게는 수갑과 발에는 족쇄를 채워 놓음. · 이로 인해 옥중에서 이루 말할 수 없는 행동의 제약을 가져오게 됨.
토색(討索)의 고(苦)	· 옥의 관리나 옥에 먼저 들어온 자들(노수: 簩手)로부터 돈이나 뇌물을 강요받고 그에 응하지 못할 경우에는 말할 수 없는 정신적·신체적 고통을 당함.
질통(疾痛)의 고(苦)	· 옥내(獄內)가 말할 수 없이 불결하여 이, 벼룩, 빈대를 비롯한 갖가지 흡혈해충으로 인해 피부병이나 전염병에 걸리게 됨. · 문제는 이를 제대로 치료받을 수 없었다는 점임.
동뇌(凍餒)의 고(苦)	· 추운 겨울 엄동설한의 추위로 인한 고통과 굶주림의 고통을 당함.
체류(滯留)의 고(苦)	· 사건의 심리가 지체(遲滯)되면 될수록 오랜 기간 구금될 수밖에 없었음. · 심리를 받을 때마다 자백이 강요되었으므로 이에 따르지 않을 때에는 고문용 신장(訊杖)을 맞아야 했음.

<표 17> ■ 대표적 감옥시설인 전옥서(典獄署) ■

연 혁	· 고려의 제도를 계승함. · 개국 초부터 형조에 소속하였고 갑오경장 이후 경무청 감옥서로 변경됨. · 1907년 감옥사무가 법부로 이관된 후 경성감옥으로 바뀌게 됨. · 이후 서대문 현저동으로 신축 이전하면서 종래의 시설은 경성감옥 종로출장소로 운영되다가 1912년에 폐지함.
구 성 (관원)	· 태조 1년에 영 2명, 승 2명을 둠. · 태종 14년(1414년) 영을 승으로, 승을 부승으로 함. · 숙종 29년(1708년)에 제조(提調) 1명, 주부(主簿) 1명, 봉사(奉事) 1명, 참봉(參奉) 1명으로 함. · 영조 19년(1743년) 봉사를 없애고 참봉을 2명으로 하였으며, 하위직인 서리, 쇄장, 군사 등을 증원하고 전옥서의 품계를 종6품 아문으로 정함.
시 설	· 형조의 서쪽에 위치. · 남쪽에는 작은 길이, 서쪽과 북쪽에는 시역원이 있었음.[200] · 건물의 크기는 청사 3칸, 상직의 방 1칸, 남옥 동 3칸 서 3칸 북 3칸, 여옥 남 2칸 서 3칸, 옥문 1칸, 대문 2칸, 협문 1칸, 홍전문 1칸.[201] · 남옥과 여옥을 분리하여 담을 쌓고 감옥의 바닥에는 판자를 깜. · 수, 화, 음식과 신선한 공기가 통하게 판자벽을 설치하고 나무문을 만들어 큰 쇄(쇠사슬이나 자물쇠)를 채움.[202]
비 고	· 구금되어 있던 인원은 대략 40~100명 정도였던 것으로 추정됨.[203]

감옥의 종류	· 냉옥(冷獄), 온옥(溫獄), 남옥(男獄), 여옥(女獄), 경옥(輕獄), 중옥(重屋)을 둠 · 온옥도 냉옥과 같이 남, 여, 경, 중옥과 같은 동수를 짓도록 함. · 냉옥은 3동을 지으며, 남옥은 4동, 여옥은 2동을 짓되 내부에는 경옥과 중 옥을 구분. · 냉옥과 온옥의 거리와 장벽담의 거리나 너비는 지형에 따라 적절하게 조정 함으로써 죄수들이 넘을 수 없도록 함.
감옥의 구조와 시설	· 세종 8년에 옥도(獄圖)를 만들어 서울과 지방의 모든 관사가 도면대로 감옥 을 축조하도록 함(제대로 실행되지는 아니함). 세종 21년 2월에 다시 옥도 (獄圖)를 개량함. · 모든 옥은 평지보다 높게 짓도록 함. · 모든 옥사의 외벽은 토벽(土壁)을 쌓되 그 주위에는 벽을 가리는 장목을 다 섯줄로 심음. 나무가 무성해지면 문을 만들어 여닫을 수 있게 하고 무성하 기 전에는 임시로 나무나 대나무로 사슴뿔처럼 얽혀 짜서 세움.204) · 문 벽은 두꺼운 판자로 막고 옥사의 외벽에는 창을 내어서 통풍이 잘되게 함. · 실내에는 판자를 덮고 사면의 처마에는 모두 차양을 달아 죄수들이 더울 때 낮에는 처마 밑에서 앉아 있거나 누워 있을 수 있게 함.

200) 秋官志 官司條.

201) 秋官志. 典獄暑條.

202) 六典條例 典獄暑條.

203) 備局謄錄 刑獄篇.

204) 평안도나 함경도의 경우는 장목을 심기에 적당치 않아 가시나무 따위의 잡목을 심었다고 한다.

맺 음 말

현재를 살아가고 있는 우리 모두에게 사소한 것이든 중대한 것이든 분쟁이 있기 마련이다. 이러한 분쟁을 슬기롭게 극복하는 방법은 없을까! 분쟁에 휘말려 엄청난 시간과 비용을 소비하고 다른 사람과의 관계도 불편하게 만드는 것이 소송이다. 이러한 복잡, 다양한 분쟁의 급증 그리고 분쟁의 소송화는 법조비리와 결코 무관하지 않을 것이다.

역사 속에 나타나는 우리 조상들의 실생활 속의 법 생활 혹은 법 문화가 어떠했는지를 살펴보는 것은 우리의 전통과 역사를 이해하는 지름길일 수 있다. 아직 우리 학계에서조차 우리의 전통적인 소송 내지 재판제도가 어떠했는가에 대한 연구가 더 필요한 상황이고 때론 너무 전문적이어서 일반인에게는 다가서기 힘든 존재로서 인식되기도 한다.

이해하기 쉬우면서도 우리 조상들의 법문화를 재미있게 접할 수 있는 방법이 없을까 고민하다가 당시의 생활 속 실례를 통해 소송 내지 재판제도를 이해할 수 있는 방법을 생각해 보았다. 이러한 시도는 결국 우리 것 찾기 내지 우리 역사 및 전통 찾기와 그 맥을 같이한다고 하겠다.

용어 정리

가　례(家禮) 가정의 관혼상제(冠婚喪祭)에 대한 예법.

가　수(枷囚) 죄인의 목에 칼을 씌워서 가둠.

간　원(諫院) 후에 사간원(司諫院)이라 불리게 됨. 삼사(三司)의 하나로서 왕에게 간(諫)하는 역할을 함.

감사정배(減死定配) 사형에 처할 죄인의 형을 감하여 귀양을 보냄.

강 상 죄(綱常罪) 삼강(三綱)과 오상(五常)에 어긋난 죄를 말한다. 부모 또는 남편을 죽인 자, 노비로서 주인을 죽인 자 및 관노(官奴)로서 관장(官長)을 죽인 자 등을 말한다.

격　쟁(擊錚) 민인들이 궁궐에 직접 들어가거나 왕이 행차할 때를 포착하여 징이나 꽹과리 또는 북을 쳐서 이목을 집중시킨 다음 억울한 사연을 왕에게 호소하는 것.

견　굴(見屈) 소송에서 패소하는 것.

결　득(決得) 승소판결을 얻음. 득결이라고도 함.

결　송(決訟) 다짐 변론종결.

결송입안(決訟立案) 판결문.

결　옥(決獄) 형사사건의 재판.

결옥기한(決獄期限) 형사소송사건의 판결기한.

결　절(決折) 재판 또는 판결 '결송입안(決訟立案)', '결절입안(決折立案)' 또는 '단결 입안(斷決立案)'이라고 함.

경(更) 하루의 밤을 5등분한 시각의 이름.

경국대전(經國大典) 세조 때부터 편찬이 시작되어 성종 때 반포된 것으로 조선 초기의 법전인 경제육전과 그 뒤의 법령을 종합적으로 체계화한 법전이다. 조선 사회의 기본 통치방향과 이념을 제시하였으며, 이로써 조선은 통치체제가 확립되어 유교적 법치국가로 발전할 수 있게 되었다.

경 면(黥面) 얼굴에 자자(刺字)하는 형벌.

경 연(經筵) 왕에게 유학의 경서를 강론함으로써 유교의 이상정치를 실현하는 것이 그 목적이었다. 시기에 따라서는 학문토론과 정치 문제에 대한 기능이 강화되기도 하였다.

경제육전(經濟六典) 우리 역사 최초의 성문 통일법전으로서 태조 6년 (1397) 12월에 영의정 조준 등이 완성하여 공포하였다.

경 차 관(敬差官) 지방에 임시로 보내어 전곡(田穀)의 손실을 조사하고 민정을 살피게 한 벼슬.

계 권(契券) 계약서, 토지증명서.

고 율 사(考律司) 율령과 유죄인지의 여부를 자세히 조사하여 밝혀내는 역할을 함.

고 음(제음) 관에 대하여 다짐(맹세, 증언)하는 문서. 대체로 소송결과 패소한 사람이 관의 판결대로 이행할 것을 다짐하는 문서이다. 따라서 승소자가 보관하게 되는 문서이며 관의 휘필과 압(수결), 관인을 찍게 되어 있다. 개인 간에 주고받는 고음도 있다.

고 족 형 발을 쪼개는 형벌인데 사가에서 노비의 죄를 다스리면서 자행 하는 경우가 있었다.

과 전 법(科田法) 고려의 문란한 토지제도를 바로잡기 위하여 1391년 (공양왕 3)에 사전(私田) 개혁을 단행하여 새로운 전제(田制)의 기준으로 삼은 토지제도로서 국가 재정과 신진 사대부들의 경제 기반 확보를 위해 시행하였다. 국내의 토지를 측량하여 파악한 다음, 토지를 결수로 계산하여 그중 얼마를 상공전(上供田), 국 용전(國用田), 군자전(軍資田), 문무역과전(文武役科田)으로 분 배하였다. 한량으로 서울에 거주하면서 왕실을 호위하는 자이거 나, 과부로서 수절하는 자, 향역(鄕驛)이나 도진(渡津)의 관리 또는 서민과 공장(工匠)으로서 공역(工役)을 맡은 자에 이르기까 지 모두 토지를 분배해 주었다.

과 한 법(過限法) 소송을 제기할 수 있는 일정한 기간을 설정한 것으로 지금의 제척 기간과 유사한 규정이다.

관 둔 전(官屯田) 각 지방의 관아에 딸렸던 논과 밭.

관 사(官司) 관아. 벼슬아치들이 모여 나랏일을 처리하던 곳.

관 식(官式) 관청에서 하는 방식.

국조보감(國朝寶鑑) 조선 역대 임금의 치적에서 모범이 될 만한 일을
　　　　실록에 의해 엮은 편년체의 역사책으로 고종 때 완성됨(90권 26책).

급 전 사(給田司) 조선 초기에 벼슬아치나 관아에 땅을 나누어 주는 일
　　　　을 맡은 호조에 딸린 관아.

낙 형(烙刑) 쇠를 불어 달구어 몸을 지지는 형벌이다. 대적죄인의 신
　　　　문에 사용되었다고 하며 권문사가에서는 노비의 죄를 벌할 때
　　　　행하는 경우도 있었다.

난자치사죄(亂刺致死罪) 칼이나 창 등으로 부위를 가리지 않고 마구
　　　　찔러 죽게 한 죄.

난 장(亂杖) 여러 명이 장으로 신체의 어느 부분도 가리지 않고 난타
　　　　하는 형벌로서 주로 고문의 일종으로 사용된 것으로 보인다.

낭 관(郎官) 각 관아의 당하관을 말함.

내 수 사(內需司) 궁중에서 쓰는 곡식, 피륙, 잡물 및 노비에 관한 사
　　　　무를 맡아 보던 관사.

능지처사(陵遲處死) 능지처참(陵遲處斬)이라고도 하며, 모반대역죄(謀
　　　　反大逆罪)나 친부모살인죄(親父母殺人罪)와 같은 최고의 반도
　　　　의범에 대하여만 적용되었다. 즉 죄인의 머리, 양팔, 양다리, 몸
　　　　체를 찢어 각지로 보내 여러 사람에게 보이거나 신체의 특정된
　　　　수 개 처에 칼질하여 상처를 내고 목을 베는 형벌이다.

단 근 형(斷筋刑) 죄인의 힘줄을 끊어 버리는 형벌로서 도적이 성할 때
　　　　이를 근절하기 위하여 임시조치로 시행된 적이 있는 것으로 보
　　　　인다.

단 송(斷訟) 소송을 판결하는 것.

당 상 관(堂上官) 정3품 이상의 고급관리로서 왕과 함께 정치의 중대
　　　　사를 논의하고 정치적 책임을 졌다. 종3품 이하의 관리는 당하관
　　　　(堂下官)이라 했으며 주로 행정실무를 담당하였다.

대 사 간(大司諫) 정3품의 사간원의 으뜸벼슬.

도 수(度數) 횟수. 도(度)는 사물의 횟수를 세는 단위.

도 형(徒刑) 사람이 약간 중한 죄를 범한 경우에 관에 붙잡아 두고 소

금을 굽거나 쇠를 달구게 하여 온갖 힘들고 괴로운 일을 시키는 형벌이다. 구금하여 강제노역에 종사시키는 점에서 오늘날의 징역형과 유사하다.

마 패(馬牌) 역마(驛馬)와 역졸(驛卒)을 이용할 수 있는 증패.

명 문(明文) 매매계약서.

몰 관(沒官) 대역죄인의 가족이나 그 재산을 몰수하는 것을 총칭하는 개념이다. 이에는 몰수(沒收), 적몰(籍沒), 그리고 추징(追徵)의 세 가지 종류가 있다.

무 개(務開) 농사철에 재판 심리를 쉬었다가 농사일이 거의 끝난 추분부터 다시 직무를 시작함.

무 소(誣訴) 없는 일을 있는 것처럼 꾸며서 소송을 일으키는 것.

무 정(務停) 농사일이 한창 바쁠 때 잡송의 청리를 하지 않음.

문사낭청(問事郎廳) 조선시대의 사법(司法) 기관인 의금부(義禁府)가 설치된 1414년(태종 14) 이후에 있었던 관직으로 정6품에서 종9품 가운데서 죄인을 문초한 조서를 작성하여 읽어주는 일을 맡아본 임시 관직으로서 문랑(問郞)이라고도 하였다. 지금의 법원이나 검찰청 서기(書記)와 비슷한 일을 맡아보았다고 할 수 있다.

반 상(班常) 상위의 지배계층인 양반과 중간계층인 중인(中人), 일반 피지배계층으로서의 농민(農民 常人)과 최하층의 노비(奴婢)로 이루어진 지배 계급구조를 말한다.

백 근(白根) 놀리고 있는 농지.

백 근 법(白根法) 놀리고 있는 농지(백근지)를 신고 경작할 수 있는 법.

백문매매(白文賣買) 입안을 받지 않은 명문을 백문(白文)이라 하며 관인이 찍히지 않은 문서를 가지고 사사로이 매매하는 것을 말함.

번(番) 백성이 맡은 바 역(役)을 치르는 일.

법 사(法司) 형조와 한성부를 아울러 이르던 말.

보 부 상(褓負商) 생산자와 소비자를 연결해 주는 데 큰 역할을 한 행상으로서 지역 간 장날의 차이를 이용하여 일정 지역을 순회하여 활동하거나 전국을 무대로 활동한 상인을 말한다. 보상(褓商)은 비교적 값비싼 필묵, 금, 은 및 동제품을 보자기에 싸서 들고 돌아다니며 판매하는 봇짐장사를 말한다. 부상(負商)은 나무그릇,

토기 등 일용상품을 지게에 지고 다니던 등짐장수를 말한다.

보　쌈 약탈혼(掠奪婚)의 일종으로 정식 결혼을 하지 못한 빈한한 하층
민이나 재가가 허용되지 않은 과부들, 양반가 자녀들의 액땜을(양
반가 처녀의 팔자가 세어서 두세 번 시집가는 사주가 나오면 이를 막기 위해 미리
외간남자와 통정하게 하여 이를 방지하였는데, 이 경우에도 보쌈의 형식으로 행하
여진 것으로 보인다) 위해 부녀자나 남자를 약탈하는 것을 말한다.

복 검 제(覆檢制) 원칙적으로 검시를 두 번 시행하는 제도를 말한다.

복　시(覆試) 초시에 합격한 사람이 2월 서울의 해당 관사에서 보는 시
험으로서 문과의 경우 초장에서는 강경(講經), 중장에서는 제술
(製述), 종장에서는 책(策)을 부과한다.

봉고파직(封庫罷職) 암행어사 등이 부정을 저지른 관리를 파면시키고
관고(官庫)를 봉하여 잠그는 일.

봉　서(封書) 누구를 무슨 도의 암행어사로 삼는다는 신분표시와 임무
의 내용이 적혀 있는 문서.

부관참시(剖棺斬屍) 이미 죽은 자의 무덤을 파헤쳐 시신을 꺼낸 다음
참형 또는 능지처사를 행하는 경우를 말한다.

분　경(奔競) 금품이나 연줄 그 밖의 온갖 방법으로 벼슬자리를 구하는
의미로 쓰였으나, 아울러 재판을 구하는 이해당사자가 소송에서
이기기 위해 재판관에게 청탁하는 것을 뜻하는 것으로도 쓰임.

비공입회수(鼻孔入灰水) 사람을 거꾸로 매달아 놓고 코에 잿물을 붓는
일종의 고문방법인데 권세가 있는 사가에서 노비나 천민의 죄를
다스릴 때 사용된 경우가 있었다 한다.

비　리(非理) 옳은 이치에 어그러짐.

비리호송(非理好訟) 이유 없이 이치에 어긋나는 소송을 일으키기를 좋
아하는 것.

사　목(事目) 암행어사의 직무를 규정한 책.

사　사(賜死) 왕명으로 독약을 마시게 하여 죽게 하는 것으로 왕족이나
현직자로서 역모에 관련되었을 때 주로 행하여졌다.

사　송(詞訟) 민사소송을 말함. 원, 척 간에 재화의 소유권에 대한 확인
(確認), 양도(讓渡), 변상(辨償)을 위한 송사.

사　증(辭證) 소송당사자가 신청한 증거. 경국대전 형전 추단조(推斷條
죄상을 심문하여 처단하는 것과 관련한 규정)에 나타나는 우리의 고유한

소송상의 법률용어이다.

사 증(詞證) 소송당사자가 신청한 증거. 詞(말씀 사)와 證(증명할 증)의 결합으로 앞의 사증(辭證)과 같은 의미이다. 실록의 기록을 보면 사증(詞證)은 사증인(詞證人)이라고도 하며 복합적으로 쓰여 증언을 하는 증인을 의미하기도 하였다.

사 출(斜出) 땅, 집 등의 소유권이나 또는 어떤 권리를 증명하는 문서를 관아에서 작성하여 내어줌.

사 화(私和) 판결에 의하지 않고 소송당사자끼리 화해하는 것.

사 헌 부(司憲府) 헌부·백부(柏府)·상대(霜臺)·오대(烏臺)라고 불리기도 했다. 감찰을 각사(各司)나 지방에 파견하여 부정을 적발하고 그에 대한 법적 조치를 취하는 등 사법권을 가졌다. 형조(刑曹)·한성부와 더불어 삼법사(三法司) 또는 출금삼아문(出禁三衙門)이라고도 불렸다. 또한 사헌부와 사간원(司諫院)을 함께 칭하여 그 관원을 모두 대간(臺諫)이라 불렸다.

사 형(死刑) 사람의 목숨을 빼앗는 최고형으로서 교수형(絞首刑)과 참수형(斬首刑)의 두 가지가 있다. 교수형 내지 교형은 죄인의 두 손과 두 발목을 묶고 높은 데에 매달아 목을 졸라 죽이는 것을 말한다. 참수형 내지 참형은 죄인의 목을 큰 칼로 베어 죽이는 것을 말한다.

살 옥(殺獄) 살인사건에 대한 옥사.

삼도득신(三度得伸) 세 번의 제소 가운데 두 번을 승소하면 그 내용대로 확정됨을 말함.

상 복 사(詳覆司) 형조(刑曹)의 속사(屬司)로서, 사형에 해당하는 죄를 상세히 심의하여 잘못 적용되는 것을 막음.

상 언(上言) 백성이 왕에게 올리는 진정서로 격쟁과 같이 국왕에게 직소하는 소원(訴冤)제도.

상 의 원(尙衣院) 임금의 의대(衣帶)와 대궐 안의 재물을 맡아보던 관아.

상 피(相避) 친족 기타 긴밀한 관계에 있는 자가 같은 곳에서 벼슬하거나 청송(聽訟), 시관(試官)하는 것을 서로 피하는 것.

서 경(署經) 관리를 처음 임명할 때 사헌부와 사간원에서 심사하여 동의해 주는 절차로 부당한 인사나 업무처리를 막는 한편, 왕권에 대한 견제의 기능을 하였다.

서 계(書啓) 숙계(繡啓)라고도 하며, 임금의 명을 받아 무슨 일을 처리한 신하가 그 결과를 보고하여 올리던 문서.

서 리(胥吏) 중앙관청의 하급관리를 말하며, 이서(吏胥), 아전(衙前)이라고도 하였다.

서 파(庶派) 서자(庶子)의 자손.

선 두 안(宣頭案) 내수사(內需司)에 속하는 노비를 20년마다 자세히 조사하여 명부를 새로이 만들어 임금에게 바치던 원적부(原籍簿).

선 문(先文) 관리가 지방에 출장할 때 그의 도착 날을 그 지방에 미리 통지하는 공문.

속 전(贖錢)제도 특별히 정한 범죄를 제외하고는 형 대신 금전으로 납부할 수 있는 제도가 있었는데 이것이 바로 속전제도이다. 속전은 오늘날 벌금과 유사하다 할 수 있으나, 벌금은 재산형인 데 비해 속전은 신체형(태, 장), 자유형(도, 유), 생명형을 선고받은 후 본형을 재산형으로 대신한다는 점에서 구별된다. 그러나 모든 형벌을 대신할 수 있었던 것은 아니었으며 속전할 수 있는 요건을 법률로 정해 놓았다.

수 결(手決) 수촌(手寸)이라고도 하며 오늘날의 사인에 해당.

수 금(囚禁) 죄수를 가둠.

수 도(囚徒) 감옥에 갇혀 있는 죄수.

순 경(巡更) 밤에 도둑이나 화재 따위를 경계하기 위하여 순찰을 도는 일.

시 양 자(侍養子) 곁에서 시중을 들며 봉양하는 양아들.

시 종 신(侍從臣) 왕을 모셔 호종하던 신하.

십 악(十惡) 불가에서 말하는 10가지의 악행을 말한다. 이에 해당하는 범죄로는 모반(謀反), 모대역(謀大逆), 모반(謀叛), 악역(惡逆), 부도(不道), 대불경(大不敬), 불효(不孝), 불목(不睦), 불의(不義), 내란(內亂) 등을 들 수 있다.

압 슬 형(壓膝刑) 무릎 위에 압력을 가하는 고문의 일종이다.

양 조(兩造) 원고와 피고를 의미하며 조(造)는 송정(訟庭)에 이른다는 至의 뜻.

어 가(御駕) 임금이 타는 수레.

역 괘(易卦) 길흉(吉凶)의 상(象).

연 좌 제(緣坐制) 범죄를 저지른 자와 특정한 관계에 있는 자에게 연대 책임을 지도록 하고 함께 처벌하는 제도를 말한다.

옥 당(玉堂) 홍문관을 달리 부르던 말.

옥 송(獄訟) 형사소송을 말함. 옥송(獄訟)은 상해 및 인격적 침해(양반이 상민에게 능욕을 당했다든지 상민이 양반을 침범하여 포악하게 한 경우 등) 등을 이유로 원, 척 간에 형벌을 요구하는 송사를 말함.

옥중오고(獄中五苦) 옥중 생활에서의 다섯 가지 고통을 말함.

외월지죄(猥越之罪) 외람되게 절차를 뛰어넘은 죄.

외 지 부(外知部) 장예원을 도관지부(都官知部)라고 불렸던 데서 유래한 것으로 법에 대한 지식을 가지고 있으면서 이를 필요로 하는 사람에게 대가를 받고 소송을 이기게끔 해 주는 사람. 조선 후기에는 이들을 쟁송위업자, 쟁송교사자로 불렀다.

용형아문(用刑衙門) 형벌을 행사할 수 있는 형조, 의금부, 한성부 등의 관아.

울 혈(鬱血) 혈관의 일부에 정맥성 혈액의 양이 증가되어 있는 상태.

원 고(元告) 소를 제기하는 자.

원 정(原情) 원고와 피고가 서로 각자의 주장을 정당화하는 소지를 제출하는 것.

원 척(元隻) 원고와 피고를 같이 뜻하기도 하고 피고만을 지칭하기도 함.

월 령 의(月令醫) 전의감, 혜민서에 딸린 당번의사로서 최하급의 의원(醫員)을 일컬음.

월 소(越訴) 소송을 할 때 심급관할을 지키지 아니하고 바로 상급 기관에 직소하는 것.

월 족 형(刖足刑) 단근형의 일종으로 발뒤꿈치의 힘줄을 베어 버리는 형인데 월족형을 하게 되면 절름발이 또는 앉은뱅이가 되는 매우 잔인한 형벌이다.

유 척(鍮尺) 검시(檢屍)를 할 때 쓰는 놋쇠의 자(尺).

유 형(流刑) 도형과 함께 자유형에 속하여 조선시대 전반에 걸쳐 널리 행하여지던 형벌로서 도형과는 달리 기간이 정하여지지 아니하였다.

윤　형(閏刑) 관리나 승려 등 일정한 신분을 가진 사람이 범법행위를 한 경우에 그의 관작을 박탈하는 등의 명예형을 과하는 경우이다.

율 학 청(律學廳) 법전운영의 전문적인 실무와 율학을 교육한 관청.

음　호(陰戶) 여성의 생식기.

의경지정(疑輕之政) 의심스러운 점이 있으면 경죄로 처벌한다는 형벌 법상의 대원칙이다.

의　고(議故) 왕실과 오랫동안 두터운 친분이 있고 특별한 은덕을 입은 자이다.

의　공(議功) 전쟁에서 적장을 참살하여 적의 군기를 탈취하며 만 리의 먼 곳까지 적을 추격, 격파하여 적국의 군대를 항복시켜 포로로 거느리고 옴으로써 국민을 안녕하게 하였거나 혹은 변방영토를 개척하는 공로를 세움으로써 특별히 그 사실이 기록된 자이다.

의　귀(議貴) 관작이 1품인 자와 3품 이상의 문무직과 2품 이상의 산관 (품계만 있고 실직이 없는 관리를 일컫는다)인 자이다.

의　근(議勤) 문무관리로서 관직을 근실하게 수행하여 주야로 봉공하며 혹은 먼 곳에 파견되어 괴롭고 어려운 일을 능히 겪고 치름으로 써 큰 공로를 세운 자이다.

의 금 부(義禁府) 조선시대 왕명을 받들어 죄인을 추국(推鞫)하는 일을 맡아 하던 사법기관으로서, 금부(禁府)·금오(金吾)·왕부(王府) 라고도 하였다.

의　능(議能) 큰 재지와 지식이 있는 자로서 군사와 정사를 잘 다스려 서 왕의 보좌역 되며 인륜의 본보기가 된 자이다.

의 비 형(劓鼻刑) 코를 베어 버리는 형벌로서 권세가 있는 사가에서 노 비의 죄를 다스릴 때 자행한 경우가 있었다.

의　빈(議賓) 전대의 왕의 자손으로서 선대를 봉사하여 국빈으로 된 자이다.

의　송(議送) 민사사건에서의 항소. 수령에게서 패소판결을 받고 이에 불복하여 다시 관찰사에게 상소하는 것.

의　친(議親) 왕의 동성 8촌내의 종친과 왕의 조모 및 생모의 8촌내의 친족, 왕비의 6촌내의 친족과 세자비의 4촌내의 친족이다.

의　현(議賢) 큰 덕행이 있는 현인군자로서 그 언행이 나라의 본보기가 되는 자이다.

이　굴(理屈) 소송하는 과정에서 주장하는 이치가 정당치 않아 패소하는 것.

이조참의(吏曹參議) 이조에 속한 정3품의 당상관. 이조참판의 아래 직급.

입　안(立案) 토지나 가옥의 매매에 있어 권리가 이어져 내려온 유래를
　　　증명하는 문서가 소실된 경우 관에서 발급받는 증명서.

입　지(立旨) 사전적 의미로는 신청서 끝에 신청한 사실을 입증하는 뜻
　　　을 부기하는 관부의 증명을 말한다. 문서를 분실, 도실(盜失), 소
　　　실하였거나, 오래되어 문서의 일부가 썩었거나 쥐가 갉아 먹었기
　　　때문에 내용이 불명한 경우에는 관할 수령에게 그 사실을 확인
　　　하는 공적 문서를 청구하여 권리를 보전할 수 있었는데, 이때의
　　　공적 확인문서(증명서)를 말하기도 한다.

입　직(入直) 관아에 들어가 차례로 숙직 또는 당직함.

자　백(自白) 자복(自服), 승복(承服), 승의(承疑)라고도 하였고, 자백
　　　을 얻는 것을 취복(取服)이라 함.

자　자(刺字) 형 신체의 어느 부위에 먹물로 글씨를 새겨 넣는 형벌인데
　　　주로 도적으로서 장, 도, 유형에 처하여진 자에게 부과되었다.

작　지(作紙) 문서를 만드는 데 쓰이는 종이 값. 입안을 받는 데 드는
　　　수수료.

장　령(掌令) 사헌부의 정4품 벼슬.

장　리(長利) 곡식을 대출해 주고 그 이자로 절반을 받는 고액의 이율.

장예원(掌隷院) 1467년에 설립된 노비의 부적(簿籍)과 소송에 관한
　　　일을 관장하던 정3품 관청이다. 사헌부, 한성부와 더불어 사법삼
　　　사(司法三司)라 하였다. 후에 형조에 편입되었다.

장　형(杖刑) 사람이 죄를 범한 경우에 큰 가시나무 회초리로 죄인의
　　　볼기를 치는 형벌이다.

적　몰(籍沒) 중죄인의 재산을 몰수하는 경우를 말하며, 이 경우 관련
　　　자의 가족을 노비로 몰입시켜 폐가시키는 처벌도 뒤따랐다.

전가입거죄조(全家入居罪條) 집안 모두를 평안북도 또는 함경북도 등
　　　의 변경으로 옮겨 살도록 하는 규정.

정　송(停訟) 송사를 중지함.

정　원(政院) 承政院을 일컬음. 임금의 명을 전하고 임금께 아뢰는 일
　　　을 맡던 관아.

정 직(正職) 사족(士族) 이상의 신분에만 임용되는 관직.

제 음(題音 題辭) 소송에 대한 관부의 판결.

종 법(宗法) 종족 내의 조직규정을 말함.

주 리 형 사람의 양다리를 함께 결박하여 그 중간에 2개의 주장을 넣어
　　　　가위 벌리듯이 좌우로 벌리게 하는 것으로 일종의 고문방법으로
　　　　사용한 것이다. 모반 등의 중대사건에서 행해졌고 일반의 경우는
　　　　포도청에서 도적을 다스릴 때 사용되었다.

지 사 간(知司諫) 사간원의 옛 관직으로 종3품 벼슬로 후에 사간으로 고침.

직 장(直長) 30개 중앙부서에 있던 종7품의 벼슬.

집 필(執筆) 토지나 노비의 매매 문권을 직접 작성해 주는 사람.

척 재 관(隻在官) 피고가 있는 지역의 지방관.

청 리(聽理) 소송을 맡아 진행함.

청 송(聽訟) 수령이 백성의 송사를 심리하는 일.

총 융 청(摠戎廳) 5군영 가운데 경기지역의 군무를 맡아보던 군영.

추 고(推考) 벼슬아치의 허물을 추문하여 고찰함.

친착결절법(親着決折法) 계속 재판정에 출석한 자가 반드시 그때마다
　　　　서명함으로써 출석 사실이 입증 가능토록 한 법.
　　　　타물 손과 발 등 신체를 제외한 기타 흉기.

탐 오(貪汚) 욕심이 많고 하는 짓이 더러움.

태 배 형(笞背刑) 태로써 등을 난타하는 형벌로서 고문의 방법으로 사
　　　　용되었다.

태 형(笞刑) 사람이 죄를 범한 경우에 작은 가시나무 회초리인 형장
　　　　(荊杖)으로 죄인의 볼기를 때리는 형벌이다.

토 색(討索) 금품을 억지로 달하고 하는 것을 말한다.

토지관할(土地管轄) 직무나 사무에 관한 관할을 같이하는 여러 법원의
　　　　재판권을 지역적 표준에 따라 분배하여 규정한 관할 구역.

퇴 상(退狀) 관아에서 소장을 받지 않고 물리치는 것.

팽 형(烹刑) 물에 삶아 죽이는 형벌.

풍 교(風敎) 교육이나 정치의 힘으로 백성을 착하게 가르침.

한 성 부(漢城府) 고려의 개성부제를 답습하여 경기의 과전과 관내의
　　　　토지·호구·농상·학교·사송 등을 관장했던 기관이다. 형조·

의금부와 함께 사법기능을 행사하여 3법사의 하나로도 불렸다.

향　리(鄕吏) 지방관청의 하급관리.

형　장(刑杖) 죄인을 신문할 때 쓰는 몽둥이로 신장이라고도 함.

형　조(刑曹) 고려와 조선시대 6조(六曹)의 하나로서 일명 추관(秋官) 또는 추조(秋曹)라고도 하였으며, 법률·사송(詞訟)·노비 등에 관한 사무를 관장하였다. 특히 재판관계 업무를 취급하기 때문에 의금부·한성부와 아울러 삼법사(三法司)라고 불렸으며, 사헌부·사간원과 함께 삼성(三省)이라 하였다.

형조정랑(刑曹正朗) 형조의 정5품의 관직.

호　역(戶役) 집집이 다 나와서 하던 부역.

호　패(號牌) 16세 이상의 성인 남성이 반드시 휴대하도록 하였던 일종의 신분증명서.

　　홰 갈대나 싸리 따위를 묶어 밤길을 밝히거나 제사 때 화톳불을 놓는 데 쓰는 물건.

효　수(梟首) 기시(棄市)라고도 하였다. 사형을 집행한 다음 죄수의 머리를 매달아 일반 백성에게 보이거나 시신을 길거리에 내버려 사람들로 하여금 참혹한 죽음을 볼 수 있도록 하는 경우이다.

휴　서(休書) 이혼증서.

주요 참고문헌

권인호(1973). 행형사. 서울: 국민서관.

김병화(1992). 한국사법사(중세편). 서울: 일조각.

김선경(1992). 민장치부책을 통해서 본 조선시대의 재판제도. 역사연구(창간호).

김성천(1998). 형사소송절차의 역사. 법학논문집(제23집). 중앙대학교 법학연구소.

김양수(2003. 3). 17, 18세기 형조의 재원과 보민사. 조선시대학보(제24집). 조선
　　　시대사학회.

김호(역)(2003). 신주무원록. 서울: 사계절출판사.

김호(1998). 「검안」을 통해 본 100년 전의 향촌사회(2), 문헌과 해석, 1998 가을
　　　(통권 제4호).

김호(1998. 3). 규장각소장 '검안'의 기초적 검토. 조선시대학보(제4집). 조선시
　　　대사학회.

김홍규(2004). 민사소송법. 서울: 삼영사.

류승훈(2005). 민사소송법. 서울: 신화.

류승훈(2005. 12). 한국 민사소송법제의 과거, 현재 그리고 미래. 대한민사법학. 대한
　　　민사법학회.

류영박(2004). 한국사의 탐구. 서울: 푸른사상.

문형진(2001. 12). 조선 초 절도범 처벌실태와 그 부가형. 조선시대학보(제19집).
　　　조선시대사학회.

박병호(1987). 한국법제사고. 서울: 법문사.

박병호(1985). 한국의 전통사회와 법. 서울: 서울대학교 출판부.

박병호(1998). 조선 초기 법제정과 사회상. 국사관논총(제80집). 과천: 국사편찬위
　　　원회 서울특별시(1978). 서울6백년사.

서원우(1996). 한국법의 이해. 서울: 두성사.

서일교(1968). 조선왕조형사제도의 연구. 서울: 한국법령편찬회.

송상현(2004). 민사소송법. 서울: 박영사.

심재우(2003). 조선 후기 형벌제도의 변화와 국가권력. 국사관논총(제92집). 과천:
　　　국사편찬위원회.

심희기(1983). 조선후기의 형사판례연구. 법사학연구(제7호). 서울: 한국법사학회.

심희기(1997). 한국법제사강의. 서울: 삼영사.

연정열(1984). 조선 초기 쟁송에 관한 연구: 노비쟁송을 중심으로. 사회과학논집
    (제2집). 한성대학교 사회산업연구소.

오갑균(1995). 조선시대사법제도연구. 서울: 삼영사.

윤국일(1998). 경제육전과 경국대전. 서울: 신서원.

윤백남(1973). 조선형정사. 한국학연구총서 6. 서울: 성진문화사.

이기명(2003). 조선시대 상피제의 운영실태 연구. 동국대학교대학원 사학과 박사
    학위논문.

이기백(1992). 한국사신론. 서울: 일조각.

이덕일/이희근(2002). 우리 역사의 수수께끼 1, 서울: 김영사.

이승구 외(1977). 한국법제사 연구(조선조편). 원광대 논문집(제10호).

이시윤(2008; 2010). 신민사소송법. 서울: 박영사.

이정찬(1984). 한국행형사. 서울: 선민출판사.

임병준(2000). 암행어사이야기(상, 하). 서울: 전예원.

임병준(2003). 조선의 암행어사. 서울: 가람기획.

임상혁(2000). 조선 전기 민사소송과 소송이론의 전개. 서울대 대학원 박사학위논문.

전경목(1996). 조선 후기 산송연구 ― 18 · 19세기 고문서를 중심으로 ― .전북대
    학교 대학원 박사학위논문.

전경목(1997). 산송을 통해 본 조선 후기 사법제도 운용실태와 그 특징. 법사학연구18.

정긍식/임상혁(1999). 16세기 사송법서 집성. 한국법제연구원.

정동윤/유병현(2005; 2010). 민사소송법. 서울: 법문사.

정연식(2003). 일상으로 본 조선시대 이야기 2, 서울: 청년사.

조우영(2000. 10). 한서지리지에 나타난 고조선의 법, 법사학연구(제22호).

조윤선(2002). 조선 후기 소송연구. 서울: 국학자료원.

지철호(1985). 조선 전기의 유형. 한국법사학회(제5호).

최종고(1980). 법사와 법사상. 서울: 박영사.

한국고문서학회(2002). 조선시대생활사, 서울: 역사비평사.

한국역사연구회(1992). 한국역사. 서울: 역사비평사.

한상권(1996). 조선 후기 사회와 소원제도 ― 상언, 격쟁연구 ― .
    서울: 일조각.

中橋政吉(1934). 朝鮮舊時の刑政(조선구시의 형정). 경성조선총독부 법무국 치
    형법전.

〈참조 관련 사이트〉

http://history.netian.com
경국대전 http://www.koreaa2z.com/klaw/index.html
경상대학교 문천각 http://www.nmh.gsnu.ac.kr
국가전자도서관 http://www.dlibrary.go.kr
국가지식정보통합검색시스템 http://www.knowledge.go.kr
국립중앙도서관(원문정보 DB) http://www.nl.go.kr
국사편찬위원회 http://kuksa.nhcc.go.kr/front/dirservice/dirFrameSet.jsp
국역 조선왕조실록 http://korea5000.com/bin/dbindex.cgi?dbgrp=BON
국회도서관 http://www.nanet.go.kr
규장각(서울대) http://kyujanggak.snu.ac.kr
대전회통 http://www.koreaa2z.com/klaw
민족문화추진회 http://www.minchu.or.kr
역사문화학회 http://www.hiscul.or.kr
임상혁 교수(숭실대 법대) 홈페이지
          http://www.myhome.hanafos.com/~paucil/main.htm
조선시대사학회 http://chosun.or.kr
한국고문서학회 http://www.hisa.or.kr
한국국학진흥원 http://www.koreaastudy.or.kr
한국교육학술정보원 http://www.riss4u.net/index.jsp
한국사사료연구소 http://www.clepsi.co.kr
한국사서지검색 http://www.hongik.ac.kr/hhc – bin/khc_kor
한국역사연구회 http://www.koreanhistory.org/
한국역사정보통합시스템 http://koreanhistory.or.kr/front/index.jsp
한국전통민족문화의 광장(동국대 김재문 교수 홈페이지)
          http://www.dongguk.ac.kr/~kjm/
한국학전자도서관(장서각) http://lib.aks.ac.kr
한국학중앙연구원 http://www.yoksa.aks.ac.kr
한림대 역사학과 오수창 교수 홈페이지
          http://www.hallym.ac.kr/~changa/

▌약 력

한국외국어대학교에서 법학을 전공하고 동 대학원에서 법학 석사학위를 받았다. 독일 쾰른 대학 법대에서 증명책임에 관한 연구로 법학 박사학위를 받았다. 귀국 후 1996년부터 선문 대학교 법대 교수로 재직하고 있으며, 현재 법대 학장으로 있다. 각종 자격시험과 사법시험 등의 출제교수 및 독일 쾰른 대학 법대 절차법연구소 객원교수를 역임하였다.

▌주요 논저

「한국과 독일 민사법에서의 증명책임에 관한 연구」

「국제관련 사적 분쟁과 관련한 현재의 제 문제」

「Cyberspace상에서의 법적 분쟁과 재판관할」

「민사관련 분쟁해결에 있어 ADR이 갖는 의미」

『법학의 이해와 기초』

『민법 기초 Ⅰ』

『민사소송법』

『자동차사고와 손해배상 Ⅰ, Ⅱ, Ⅲ』

『교통법률대전』

외 다수

'암행어사 출두요'

조선의 법이야기

초판인쇄 | 2010년 7월 23일
초판발행 | 2010년 7월 23일

지 은 이 | 류승훈
펴 낸 이 | 채종준
펴 낸 곳 | 한국학술정보㈜
주   소 | 경기도 파주시 교하읍 문발리 파주출판문화정보산업단지 513-5
전   화 | 031) 908-3181(대표)
팩   스 | 031) 908-3189
홈페이지 | http://ebook.kstudy.com
E-mail | 출판사업부 publish@kstudy.com
등   록 | 제일산-115호(2000. 6. 19)

ISBN 978-89-268-1223-5 13360 (Paper Book)
            978-89-268-1224-2 18360 (e-Book)

이담 books 는 한국학술정보(주)의 지식실용서 브랜드입니다.